教育部人文社会科学研究青年基金项目
“基于前景理论视角的企业联盟组合重构及其触发机制研究”
（17YJC630164）资助

联盟组合的形成机制与绩效影响研究

THE FORMATION MECHANISM AND PERFORMANCE OF ALLIANCE PORTFOLIOS

王笑言 ◎ 著

经济管理出版社
ECONOMY & MANAGEMENT PUBLISHING HOUSE

图书在版编目（CIP）数据

联盟组合的形成机制与绩效影响研究/王笑言著．—北京：经济管理出版社，2019.6

ISBN 978-7-5096-6539-8

Ⅰ.①联…　Ⅱ.①王…　Ⅲ.①企业联盟—企业绩效—研究　Ⅳ.①F276.4

中国版本图书馆 CIP 数据核字(2019)第 076588 号

组稿编辑：杜　菲
责任编辑：杜　菲
责任印制：高　娅
责任校对：张晓燕

出版发行：经济管理出版社
（北京市海淀区北蜂窝 8 号中雅大厦 A 座 11 层　100038）
网　　址：www. E-mp. com. cn
电　　话：（010）51915602
印　　刷：北京玺诚印务有限公司
经　　销：新华书店
开　　本：720mm×1000mm/16
印　　张：12.75
字　　数：220 千字
版　　次：2019 年 6 月第 1 版　　2019 年 6 月第 1 次印刷
书　　号：ISBN 978-7-5096-6539-8
定　　价：68.00 元

前　言

随着经济活动网络化趋势日益凸显，联盟对企业生存和发展的作用不断增强。与此同时，企业的竞争已不再是单个联盟的静态化比拼，而是企业联盟组合之间的动态较量。联盟组合可以为企业提供多样化的资源和商业机会，有助于改善企业的创新绩效和财务绩效。对处于经济追赶过程中的中国企业而言，与行业内领先企业尤其是与跨国企业构建联盟组合，不断引进国内外先进技术和发展经验提高自身竞争力，无疑具有更重要的战略意义。学界虽对联盟组合理论研究开展了广泛讨论，但由于研究视角囿于结构主义范式，一方面，无法解释相同联盟组合维度特征对绩效影响的不同结果；另一方面，对联盟组合形成和演化的研究还处于探索阶段，难以在联盟形成的微观机理上予以突破。因此，结合联盟组合产业实践所面临的问题，相关理论研究亟待拓展和深化。

为此，本书将科学问题凝练为"联盟组合的形成机制与绩效影响"。首先，引入网络异质性，将联盟组合划分为结构维度、关系维度和伙伴维度；其次，从个体能动性出发，分析企业绩效预期对联盟组合不同维度特征的微观形成机制；再次，考察联盟组合不同维度特征对企业绩效的影响，重点剖析不同情境条件对这一影响的调节效应；最后，将研究向纵向时间维度拓展，分析联盟组合动态演化过程及其对企业战略绩效的影响。整体上，研究是在后结果主义范式下融合网络嵌入性和个体能动性两种核心机制开展的联盟组合形成和演化研究。

在具体研究中，本书在相关文献梳理和归纳基础上，构建起联盟组合的形成、绩效影响和动态演化整体性分析框架。在实证分析中，围绕"企业如何构建高绩效联盟组合”这一基本问题，通过国税数据库系统获得506家浙江省纺织业企业10年间相互交易的关系数据，实证检验了研究最初提出的理论模型以及研究假设，这在联盟组合相关实证研究中具有一定的开拓性。

通过理论分析和实证检验，本书主要得到以下三个方面的结论：

（1）企业绩效预期通过影响企业伙伴选择行为作用于联盟组合形成。通过实证研究发现，企业绩效预期是联盟组合形成的动因，绩效预期通过影响企业联盟伙伴选择行为，形成联盟组合的不同维度特征。具体来说，本书剖析了企业的历史绩效预期和社会绩效预期对联盟组合的结构维度、关系维度和伙伴维度三种维度特征的影响。其中，历史预期和社会预期对联盟组合的结构维度、关系维度和伙伴维度都有显著影响。

（2）环境动态性在联盟组合与企业绩效的关系中发挥重要的调节作用。随着社会网络理论的发展，学者们注意到网络效用的发挥还取决于情境因素的作用。由此，本书引入了环境动态性调节变量，通过大样本实证研究来考察企业联盟不同特征对企业绩效的影响路径。实证研究表明，企业所在的环境动态性越高，联盟组合的结构特征、关系特征和伙伴特征与企业绩效的正向效应增强，调节作用就显著。

（3）企业战略、环境动态性与联盟组合之间存在协同演化关系。嵌套式纵向案例研究发现，在不断变化环境中企业的战略行动和关系组合之间存在跨层次互动。基于共同演化模型，本书也揭示了联盟组合的形成和演化的潜在机制。随着企业的战略由探索式战略转变为利用式战略，联盟组合的动态演化机制可以理解为从主体性到嵌入性的持续发挥作用的过程。本书通过纵向案例研究表明，企业联盟组合与企业战略、环境动态性之间可以协同演化。研究发现，随着环境的动态变化，企业联盟组合的动态变化会影响企业的战略选择，同时企业的战略选择也需要联盟组合的配置战略进行相应的转变，企业战略转变与联盟组合的相互匹配可以持续提升企业的绩效，并实现企业效率与效益的均衡。

上述研究结论可以深化对联盟组合形成机制与绩效影响的深入理解，

在联盟组合研究领域进行较为深入的拓展。本书主要有以下三个创新之处：①关注网络异质性，在联盟组合结构和关系维度基础上强调伙伴维度特征的重要性，打开“联盟组合”这一构念“黑箱”的同时也完善了测度体系。②引入后结构主义视角，强调个体能动性。从前景理论出发，构建起“预期—行为—结构”模型，研究打开了联盟组合形成的微观机制。③从权变理论视角出发，立足联盟组合绩效影响悖论，关注情境条件差异，实证检验了环境动态性对联盟组合绩效影响的调节效应。该研究可以为企业构建高绩效联盟组合和政府的实践提供良好参考。

ABSTRACT

With the trend of economic activities develop in networked way, the role of alliance is becoming more and more important in enterprises' survival and development. Nowadays, enterprises' competition is no longer single and static, but dynamic competition between the enterprise alliance portfolios. Since reform and opening up, enterprise alliance portfolios have become a new trend. Alliance portfolio provides more business opportunities and growth paths, and help to improve both the enterprise innovation performance and financial performance. Therefore, it is of important strategic significance for Chinese companies to build alliance portfolios with leading enterprises, especially those multinational companies, from who they can learn new technology and experience. However, due to the research angle of view limited in structuralism paradigm, existing literature cannot explain why the same alliance portfolio dimension characteristics influence on the performance differently. What's more, research about the formation and evolution of alliance portfolio is still in its infancy, lacking of in - depth investigation of the microscopic mechanism. Combing industry practice of alliance portfolio, related theory research needed to be expanded and deepened.

Therefore, this research focuses on the formation mechanism and performance of alliance portfolio. First of all, introducing the network heterogeneity, alliance portfolio could be divided into structural dimension, the relationship dimensions and partner dimension; second, based on individual agency, analysis of enterprise performance aspiration's influence on different dimensions of alliance portfolio was conducted. Forth on, this research examined the impact of different dimension of alliance portfolio on performance, introducing environment as a moderator. Finally, the research used a longitude case study to unravel the dynamic evolution process of alliance portfolio and its effects on enterprise strategy performance. This research adopts post – structuralism paradigm, converging network embeddedness and agency theory to study the alliance portfolio formation and evolution.

This paper is based on related literature and analysis, and tries to build alliance portfolio formation, performance, influence and dynamic evolution system of integrity research framework. In empirical analysis, focusing on how the enterprise build high performance alliance portfolio, using national tax database system 506 Zhejiang textile industry enterprises in 10 years of mutual trade relationship data, verified the theoretical model and research hypotheses, this research enlarged related empirical studies.

Based on analysis and empirical test, this research generates the following conclusion.

(1) Performance aspiration influence formation of alliance portfolio through alliance partner selection behavior. The empirical study finds that enterprise performance aspiration is the antecedent of alliance portfolio, performance aspiration influence formation of alliance portfolio through alliance partner selection behavior. Specifically, this paper analyzes the history and social performance aspiration's impact on the three dimension of alliance portfolio and finds that history and social performance aspiration have significant influence on structure dimension, the relationship dimension and partner dimension.

(2) Environmental dynamism acts as a moderator in the relationship between alliance portfolio and performance. Introducing Environmental dynamism as a moderator, this paper finds it amplifies the influence of structure dimension, the relationship dimension and partner dimension on performance.

(3) There is a co - evolution relationship between enterprise strategy, the environmental dynamism and alliance portfolio. Nested longitudinal case study found that in the changing environment, there is a cross - layer interaction between company strategic actions and relationship portfolio. Based on co - evolution model, this study also reveals the potential mechanism of the formation and evolution of the alliance portfolio. With the shift from exploratory strategy to exploitive strategy, alliance portfolio can be seen as a dynamic evolution mechanism from subjectivity to the process of embedding of continuous work. This research shows that there is a co - evolution relationship between enterprise strategy, the environmental dynamism and alliance portfolio. The study found that with the dynamic change of environment, the dynamic changes of enterprise alliance portfolio will affect the enterprise's strategic choice, at the mean time, the strategic choice of enterprises need the transformation of the configuration of the strategic alliance. The matching of enterprise strategic transformation and combination can continuously improve enterprise performance, and realize the balance of efficiency and efficiency.

This research contributes in following aspects: ①Takes network heterogeneity into consideration and emphasizes the importance of partner dimension besides structural dimension and relationship dimension of alliance portfolio, and unlocks the black box of alliance portfolio and refined the measurement. ②Introduces post - structuralism and emphasizes agency. Based on prospect theory, constructs a model of aspiration - action - structure, clarifies the micro mechanism of formation of alliance portfolio. ③Viewing from contingency theory, focused on the paradox of alliance portfolio performance, this research examined the moderating role of environmental dynamism. The study provides perfect suggestions for focal firms to build up their high - performance alliance portfolios and for the practice of the government.

目 录

第一章 绪论

一、研究背景

（一）现实背景

1. 在经济追赶背景下，联盟组合对我国企业具有重要战略意义

随着全球化趋势的日益增强、技术发展的快速革新，企业间联盟对提升企业绩效和行业竞争力的作用凸显。特别是在资本和技术密集型行业（如生物制药、计算机、半导体等），企业同时拥有几个乃至数十个联盟关系的现象屡见不鲜。以美国软件行业为例，该行业拥有联盟的上市公司比例从1990年的32%跃升至2000年的95%，这10年间平均每家企业拥有联盟的数量从4个增长至50多个（Lavie，2007），构建联盟网络已成为企业实现技术创新和战略发展的重要途径。

改革开放以来，我国企业联盟组建形成显著增加的趋势日益凸显。需要注意的是，在商业生态系统环境中，任何一家企业都已不可能仅仅依赖于某一个高效的联盟关系而独立获得生存和发展所需的全部养分，而需同时建立多个联盟关系来满足资源获取、降低风险和战略扩张等目标。例

如，中国的领先企业中石化集团，2004 年与壳牌石油公司组建合资企业致力于市场开发；2005 年与英国石油公司建立合资企业，致力于包括石油销售、门店管理、快餐等在内的商业活动；2006 年与麦当劳通过战略联盟的形式建立“得来速”餐厅；2009 年进一步与中国外运长航成立合资企业，成为中国最大的综合物流服务供应商。企业同时与多个伙伴建立联盟关系，就形成了联盟组合。换言之，联盟组合是核心企业的个体中心网，联盟组合与单一的战略联盟相比，更像是一套“组合拳”（刘雪梅，2012）。联盟组合意味着更大的联盟规模、更多的联盟结构以及更复杂的联盟关系（张翼等，2012）。由此可见，联盟组合为我国企业提供了更多的商业机会和成长路径，有助于改善企业的创新绩效和财务绩效。因此，通过与行业内领先企业尤其是与跨国企业构建联盟组合，并不断引进国内外先进技术和发展经验来提高企业自身的行业竞争力，这对于后发中国企业的战略追赶具有战略意义。

2. 转型经济背景下，中国企业构建联盟组合所面临的机遇与挑战并存

当前我国许多地方政府为了推动当地战略性新兴产业的发展，也在大力鼓励当地企业构建产业联盟（例如 LED 产业联盟、移动互联网产业联盟等），以期快速占领行业的制高点，掌握话语主动权。因此，大量企业都在以空前的速度和规模组建自己的联盟组合。这些联盟组合既包括与上游企业组建的研发联盟和技术联盟，也包括与同行企业组建的横向联盟，还包括与下游企业组建的销售联盟和客户关系管理联盟等；在联盟形式上，既包含合资企业、交叉持股等股权形式，也包含产品共同研发、委托许可协定以及联合营销等更为松散的合作形式。由于大多数企业都同时与不同的合作伙伴建立联盟合作关系，拥有或大或小的联盟组合，在这样的商业情境下，对于处于快速竞争环境下的企业而言，相比某一个单一联盟的成功或失败，通过整个联盟群体的运营和控制实现其长期的战略目标显得尤为重要。

然而，对于中国企业而言，如何高效地配置联盟组合已成为一个重大挑战。究其原因，一方面，这个领域的研究刚刚起步，理论指导和管理实践还未得到充分的梳理和总结，亟须形成全面、系统、可验的理论框架对实践进行指导；另一方面，对于处于经济追赶过程中的中国企业而言，中国企业嵌入的联盟组合有其特殊的情境，即很多企业嵌入在“非对称”的跨国联盟网络中。本土企业试图通过联盟关系来获取国外先进技术或先进管理经验，不少企业却在联盟中丢失了自己的竞争优势。因此，构建和管理高绩效联盟组合对于处在转型经济的中国企业而言所面临的机遇与挑战并存。

（二）理论背景

1. 联盟组合研究忽视网络异质性

Gulati（1998）提出如何管理联盟组合已成为一个新兴的研究领域。联盟组合研究得到了越来越多网络学者的关注[①]，Ozcan 和 Eisenhardt（2009）也提出应将联盟组合放在战略的核心位置上。然而，以往对于联盟组合的研究过多关注宏观层面的维度特征，如联盟组合的结构特征和关系特征，强调网络同质性，因而缺乏对联盟组合微观个体维度的界定和衡量。以往学者仅从联盟组合的主体间关系维度对其进行分析讨论，且维度的测量标准并不完善，难以关注网络主体的异质性以及这种异质性对网络形成和演化所起的重要作用，使以往研究结论具有一定的局限性。本书在关注网络同质性的同时，着重强调网络异质性，从宏观和微观两个层面分析联盟组合的维度特征，以研究联盟组合的不同维度是否对企业绩效产生显著影响。通过综合考虑不同维度特征的联盟组合对企业绩效的影响，有助于企业合理优化联盟组合的结构，配置更加高绩效的联盟组合。

2. 联盟组合形成的微观机制尚不明确

在当前的社会网络研究中，学者们主要关注网络的后果研究，大量研究考察了网络对组织行为和绩效的影响，而对网络前因的研究相对不足，

① 在笔者参加 IACMR 国际研讨会议的过程中，社会网络理论模块的学者向笔者咨询了关于中国联盟组合研究的特殊性和研究意义，可见，联盟组合研究越来越受到国内学者的关注。

对此，许多评论者指出，过于将视野集中于解释网络属性对绩效的影响、缺乏网络动态过程的分析制约了网络理论的进一步发展（Galaskiewicz，2007；Kilduff et al.，2006；Parkhe et al.，2006）。实际上，网络的前因研究更加值得关注，理解网络的形成动因和演化机理对于深入理解网络理论至关重要。社会网络理论中的后结构主义视角为我们研究网络的动态形成和演化过程奠定了良好的理论基础。本书试图在前人研究的基础上，从社会网络的后结构主义视角出发，深入探究企业联盟组合的形成动因和形成机制，并结合规范研究和实证研究对联盟组合的形成机制做出进一步分析验证。

3. 联盟组合与企业绩效的关系存在悖论

联盟组合与企业绩效的关系研究一直吸引着大量学者，然而，对联盟组合与企业绩效的关系及作用路径尚未得出一致的结论。究其原因，一方面，以往学者仅对联盟组合的单一维度特征与绩效的关系进行了分析讨论，且维度的测量标准并不完善，使得研究结论具有一定的局限性，未能系统地分析联盟组合对绩效的具体作用效果；另一方面，根据社会网络理论，我们知道不同联盟组合的网络结构会对绩效产生不同的影响，但是，如果仅仅从静态的网络结构来分析联盟组合的绩效影响，则具有一定的局限性。企业联盟组合的绩效影响不仅仅由其内在的静态的网络结构决定，也受到不同情境因素的影响。因此，本书试图通过大样本实证分析和纵向案例研究方法，从权变视角来分析企业内在网络结构、所在行业与外在动态环境对企业绩效的影响路径。

二、研究问题

通过以上现实背景和理论分析可以看出，联盟组合的形成研究和绩效影响研究已经引起学界和企业界的关注。但对于联盟组合的构建是否有利于企业绩效还存在争论，同时对于联盟组合的形成机制和绩效影响路径还鲜有涉及。据此，本书结合社会网络理论、前景理论以及权变理论等相关理论，从不同层面探究联盟组合的形成机制和绩效影响路径。具体来说，本书将以三个子问题为核心线索来展开讨论与分析：

（1）从后结构主义视角看，联盟组合是如何形成的？形成机制是怎样的？

网络的前因研究更加值得关注，理解网络的形成动因和演化机理对于深入理解网络理论至关重要。然而，在联盟组合的成因研究中，仅仅有少量的实证研究明确前因并解释企业为什么构建和维系联盟组合，但都缺乏对联盟组合形成机制的深入探究。只有深刻了解联盟组合的具体影响因素和作用机制，企业才更加明确如何构建有助于企业绩效提升的联盟组合。社会网络理论中的后结构主义视角为我们研究网络的动态形成和演化过程奠定了良好的理论基础。本书从社会网络的后结构主义视角出发，深入探究企业联盟组合的形成动因和形成机制，并结合规范研究和实证研究对联盟组合的形成机制做出进一步分析验证。

（2）从权变视角看，企业联盟组合在何种情境下更能提升企业绩效？

以往学者关于企业联盟组合与企业绩效的关系尚未得出一致的结论。究其原因，主要是未能全面地分析联盟组合的不同维度特征对绩效的作用效果，缺乏对联盟组合系统、全面的维度特征的划分。本书将从联盟组合主体间关系和主体两个层面划分其维度特征，并进一步分析其绩效影响。

本书从权变理论视角，分析在环境动态性调节下企业联盟组合维度特征与企业绩效的影响，也就是说，本书分析权变因素作用下企业联盟组合对企业绩效的作用机制研究。引入环境动态性这一调节变量，有助于企业联盟组合与绩效关系研究更加贴近企业现实，更赋有解释力和预测力。

（3）从演化视角看，企业如何动态构建联盟组合持续地提升企业绩效？

从演变视角来看，企业如何在动态的环境变化下，通过不同的战略选择来配置其联盟组合以持续地提高企业绩效？社会网络理论对于嵌入性企业的关系形成和网络演化提供了一个主要的解释（Gulati，1995；Gulati & Gargiulo，1999）。大量研究表明，因为企业间关系的嵌入性属性，企业更可能与之前的网络有直接或间接联系的企业会形成联系（Walker et al.，1997；Chung et al.，2000；Li & Rowley，2002）。另外，战略选择的视角表明企业可以通过自身的战略行动积极主动地构建其网络（Emirbayer & Goodwin，1994）。尤其最近一些关于远距离关系形成的研究表明，新伙伴或者弱嵌入性伙伴的友谊关系在某种程度上可以解释在伙伴选择中行为者主体性的作用（Baum et al.，2005；Li et al.，2008；Rosenkopf & Padula，2008；Ahuja et al.，2009）。为了填补这一理论缺口，本书试图通过解释在联盟组合动态演化过程中主体性和网络嵌入性的作用来探究联盟组合和战略行动之间的关系。本书将结合社会网络理论和权变理论，进一步揭示企业联盟组合的形成过程和动态演化规律，以及对企业绩效的影响，为我国企业转型升级提供有价值的实践指导。

三、关键概念界定

（一）联盟组合

“联盟组合”（Alliance Portfolio）这一概念最早是由 Doz 和 Hamel（1998）两位学者提出的，他们将联盟组合界定为焦点企业所参与的一系列双边联盟（Bilateral Alliances）的集合。值得强调的是，“联盟组合”的概念不同于以往的战略联盟，战略联盟是指两个或者两个以上企业基于企业彼此的独立性建立的以资源与能力共享为基础、以共同实施项目或活动为表征的合作关系（Dussauge et al.，1998；Gulati，1998）。然而，传统的战略联盟研究聚焦于两个企业之间的二元关系，忽视了现实市场环境中企业会同时构建、维持、管理与多个伙伴企业所形成的联盟组合。尽管单一联盟关系发挥了效用，但企业联盟组合的关系对其绩效起了更为重要的作用，因此，Ozcan 和 Eisenhardt（2009）提出应将联盟组合放在战略的核心位置上。本书基于社会网络理论视角从企业层面分析联盟组合的形成机制和联盟组合配置特征对其绩效的影响，故本书采用 Baum 等（2000）的定义，即联盟组合是指以焦点企业为中心，在给定时间段内与其具有直接联盟关系的所有企业的集合。

（二）绩效预期

绩效预期（Performance Aspiration）是指企业管理决策者根据企业的历史绩效或行业平均绩效设定未来绩效的目标（Kahneman & Tversky，1979）。绩效预期可以通过两种方式来设定：第一种是与组织自身的绩效历史相比较（Cyert & March，1963；Levinthal & March，1981），被称为历史预期（Historical Aspiration）。将一个组织最近的绩效历史作为一个参照值来评价组织当前的绩效趋势。它的预期值会滞后于过去的绩效，随着组织绩效的增加而增加，随着组织绩效的降低而减少（March & Simon，1958；Cyert & March，1963；Lant，1992）。第二种是与行业内同行的绩效作比较（Cyert & March，1963），被称为社会预期（Social Aspiration）。在本书中，组织参照自身或同行业的绩效作为参照值，来评价企业目前绩效的值。尽管有些局限，但也有研究表明其优越性，便于观察和比较是影响决策者如何形成自身的参考群体的重要因素（Haveman，1993；Reger & Huff，1993；Lant & Baum，1995；Porac et al.，1995；Greve，1998；Baum et al.，2000）。

（三）联盟组合维度特征

联盟组合是一个复杂的概念，本书从以下三个维度展开论述：①结构维度，由联盟组合的规模、宽度、密度和冗余度等特点决定；②关系维度，由联盟中个体联盟的关系强度等特点构成；③伙伴维度，联盟伙伴自身的特点和属性，如联盟伙伴的行业多样化程度等。三个维度分别跨越了不同的分析层次，增加了联盟组合配置概念的复杂程度。联盟组合的结构是在联盟组合的分析层次（整体网络层次），关系维度则是在个体联盟的分析层次（点对层次），伙伴维度则是在伙伴企业的分析层次（个体层次），从宏观到中观，再到微观，层层细化。焦点企业联盟组合的配置本质上决定：①焦点企业可以获得的信息和资源的数量、质量和多样性；②获得网络资源的效率；③焦点企业在组织间的位置的弹性和稳定性。

（四）网络嵌入性

网络嵌入性（Network Embeddedness）是研究企业网络的重要工具（Granovetter，1985；Uzzi，1997）。Granovetter（1985）将网络嵌入性细分为关系性嵌入和结构性嵌入。网络嵌入性对企业的关系形成和网络演化具有重要的作用（Gulati，1995；Gulati & Gargiulo，1999）。因为企业间关系的嵌入性属性，企业更可能与之前的网络中有直接或间接联系的企业会形成联系（Walker et al.，1997；Chung et al.，2000；Li & Rowley，2002）。以往研究一般强调联盟网络演化的决定性观点，认为企业网路是外生地决定相互依存关系、嵌入性关系的路径依赖理论。大量研究表明，由于企业间关系的嵌入性本质，企业与已有网络中存在直接和间接关系的企业更可能形成未来的联系（Gulati，1995；Walker et al.，1997；Chung et al.，2000；Li & Rowley，2002）。这一逻辑遵循网络嵌入性可以减少进入新伙伴的风险和不确定性，通过提供有价值的信息，如潜在伙伴的特殊能力和可靠性，来促进新的连接（Podolny，1994）。这些有价值的信息可以帮助焦点企业掌握新的关系机会，并提高与现有伙伴和潜在伙伴的信任程度（Gulati，1995）。

（五）个体能动性

个体能动性（Agency）是指行动者塑造关系的动机和能力，通过创造有利连接，断开不利连接来塑造对其有利的网络结构构建关系的能力（Ahuja et al.，2012）。网络动态性的分析应该包括一类新的因素，就是行动者的主体性。正如 Emirbayer 和 Mische（1998）指出的，网络是行动者主体性的结果，行动者的行动总是伴随着他们对过去状态的记忆和对未来状态的期望。实际上，在之前的研究中，主体性已经被理所当然，企业是会风险规避的，受结构机会的驱动。相反，在真实的世界中，主体性是因本质不同而异质的，因此，行动者和他们之间的相互依赖关系对于整体网络结构十分重要（Parkhe et al.，2006）。

四、研究基本框架

（一）研究逻辑

基于经济全球化和转型经济背景，中国企业与本国和全球企业间的战略联盟成为提升企业绩效的重要途径。构建高绩效的联盟组合应放在战略联盟的核心位置（Ozcan & Eisenhardt，2009）。基于这一现实背景，本书提出了联盟组合的形成、演化以及绩效影响这一研究主题。综合社会网络理论和前景理论，对绩效预期与联盟组合的形成路径进行分析，并从权变理论视角出发对联盟组合与企业绩效的影响路径与权变因素进行分析。在此基础上，构建了绩效预期、联盟组合、企业绩效与环境动态性的关系模型。本书认为，绩效预期对联盟伙伴选择、联盟组合构建过程有显著的影响，不同联盟组合的维度特征对企业绩效的影响效果不同，同时，企业镶嵌在社会环境中，企业所处的外部环境也会对联盟组合与企业绩效的关系产生权变影响。基于上述思路，本书的逻辑框架如图 1－1 所示。

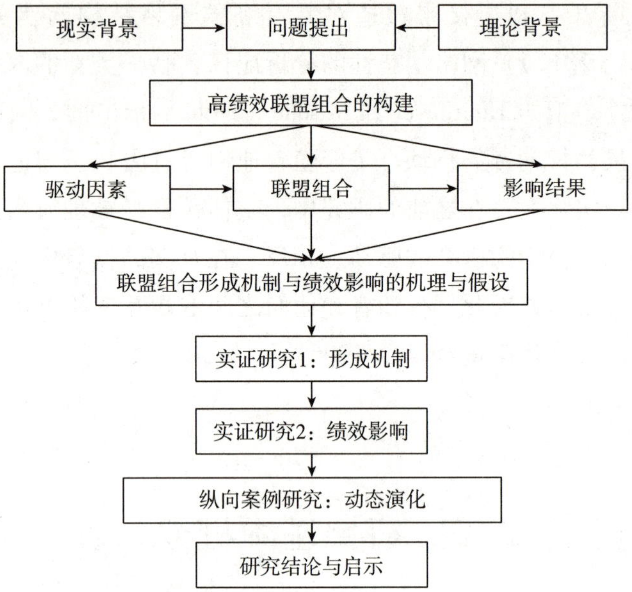

图1－1　本书的逻辑框架

（二）研究方法

对应本书整个行文思路，本书采取定量与定性研究相结合，规范研究与实证研究相结合的研究方法。具体而言，综合采用社会网络分析法、计量和系统综述、规范分析、纵向案例研究和大样本实证检验等相结合的研究方法，利用各种方法的优势，尽量弥补各类方法的不足，以期对本书设计进行稳健的探索和检验，在最大程度上得到相对稳健的结论，并希望这些结论具有一定的创新性和普适性。具体采用的研究方法包括以下几种：

1. 文献计量研究

对应本书第二章文献综述部分，采用文献计量综述和系统综述的方法对现有文献进行全面的分析。具体而言，对于联盟组合文献，本书采用计量综述的研究方法，对其进行全面详尽的综述；对于联盟组合网络形成和演化的文献和相关理论则通过系统综述的方法，重点论述涉及回答本书研究问题的相关文献。计量综述（综述宽度）和系统综述（综述深度）相结合的文献研究方法为全面地梳理研究问题奠定了坚实的理论基础。

2. 大样本计量分析

对应本书第四章“联盟组合的形成机制研究”以及第五章“联盟组合的绩效影响”路径分析，本书分析了浙江省绍兴纺织业 506 家企业2001 ~ 2010 年的相关数据，采用计量分析的方法，探索其作用机理。大样本统计有助于检验本书结论的普适性。

3. 纵向案例研究

对应本书第六章分析联盟组合形成及动态演化机制研究，本书选取嵌套式的案例研究方法，通过对一家国际领先制药企业的 6 个发展阶段进行对比分析，探索其内在伙伴选择行为和网络形成演化过程，通过对企业内部人员访谈、实地考察、文献资料、企业历史档案、企业网站以及公布媒体资料等多种来源收集数据，历经两年的跟踪研究，以最大可能地避免信息遗漏与失真，最终进行纵向对比案例分析。全面展示动态环境下联盟组合伙伴选择、联盟组合构建和企业绩效影响的全景图。

4. 社会网络分析

对应本书第二章的共词分析和引文分析，以及第六章联盟组合网络形成和动态演化路径研究，本书采用社会网络分析方法，运用 Ucinet 软件描述网络图谱，能够非常直观形象地刻画网络，有利于清晰理解行动者之间的关系以及网络演化过程。社会网络分析方法被广泛地用于组织网络的研究中，社会网络分析方法的详细应用过程会在第六章中展开论述。

（三）技术路线

本书基于对联盟组合领域现有文献的梳理以及企业的案例研究，抽象概括出本书的主题——联盟组合的形成机制、演化过程与绩效影响路径。在研究过程中，本书尝试运用社会网络理论、前景理论和权变理论视角协同分析的方法，构建本书的概念模型，并对相关变量定义和可操作化设计，据此形成理论假设，同时运用多元回归的方法对基于理论分析推导出的概念模型进行实证研究，如图 1－2 所示。

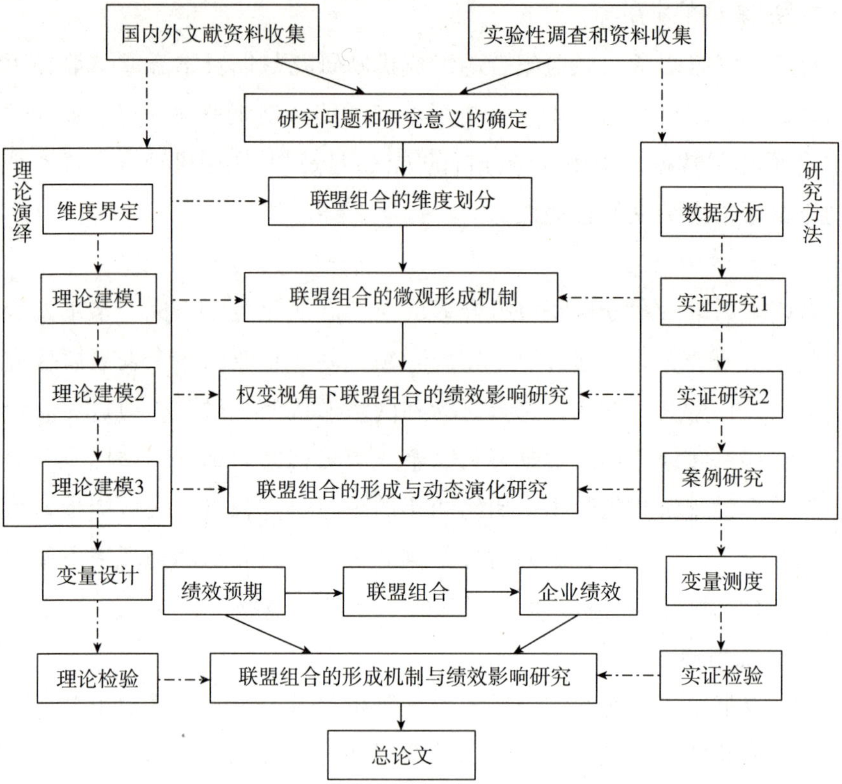

图 1－2　技术路线

（四）章节安排

根据上述逻辑框架和技术路线，本书将结合理论研究与实证分析，分七章围绕联盟组合的形成、演化与绩效影响问题展开讨论。本书的章节安排和研究方法如图 1－3 所示。

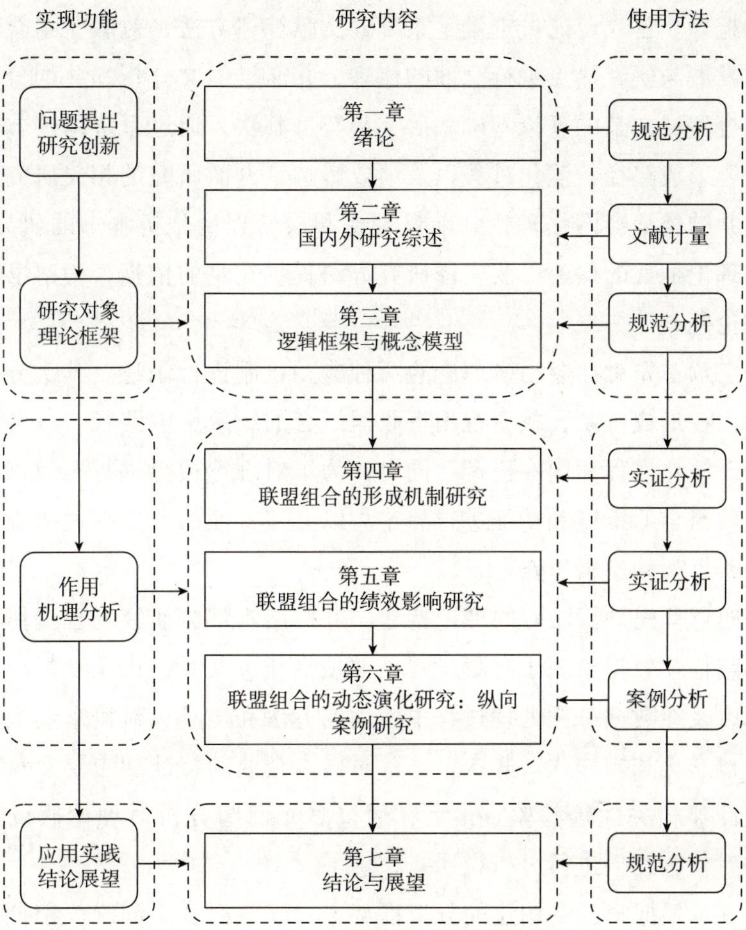

图1-3 本书章节安排和研究方法

第一章主要围绕主题阐述本书研究的现实背景和理论背景，并提出研究问题与研究的整体框架思路。首先，本书阐述研究的现实背景与理论背景，并据此提出研究问题；其次，界定研究所涉及的关键概念；再次，阐明研究的逻辑框架、研究方法和技术路线，并概述全书各章节的主要内容；最后，总结本书的创新点和研究意义。

第二章主要对联盟组合研究领域的国内外理论成果以及研究趋势进行

阐释和梳理。首先，通过定量、系统的文献综述方法，对联盟组合文献的起源、发展与研究热点进行全面的梳理，并通过引文分析和共词分析讨论联盟组合领域文献的理论基础和研究趋势。其次，通过系统综述方法讨论联盟组合形成路径、演化过程以及绩效影响三方面研究的相关研究进展与不足，并结合社会网络理论、前景理论和权变理论分析本书的研究主题，为本书理论框架的构建以及实证研究方法提供充足的依据，为本书奠定坚实的理论基础。

第三章首先对社会网络理论的两种典型机制进行阐述。其次分析联盟组合的内在形成机制，权变视角下联盟组合的绩效影响路径，以及联盟组合的动态演化过程和内在机理。同时，为了对理论边界进行有效确定，本章对联盟组合的维度和特征进行界定。以上三方面的分析阐述明确本书的整体分析框架和逻辑思路。

第四章首先进行相应的理论构建，并提出本部分研究的理论假设。同时，详细描述数据来源于收集过程，并根据相关文献，说明变量定义、测量指标以及在数据分析处理过程中使用的方法和工具，对概念模型中的变量进行概念化和操作化。其次，本章对样本企业的特征和主要变量进行描述性统计和相关性等检验。最后，通过多元回归分析对理论假设进行验证，并对检验结果进行分析说明。

第五章根据第三章构建的分析框架，对联盟组合不同维度特征与绩效的关联关系进行大样本实证检验，分析权变理论视角下联盟组合的绩效影响路径。

第六章针对“联盟组合是如何形成和演化以及如何构建高绩效联盟组合”这一研究问题，通过嵌套式的纵向案例研究，全面展示环境动态变化下战略选择、伙伴选择行为以及联盟组合的形成和动态演化过程的全景图。

第七章归纳研究的主要结论，总结本书的理论贡献和实践意义。为“构建高绩效联盟组合”研究问题提供一个相对全面的答案。同时，本章总结本书的不足之处，并据此提出未来研究进一步探讨的方向，为其他相关研究提供参考借鉴。

五、研究创新点

现有关于联盟组合的研究主要关注企业联盟组合的绩效影响，与以往的研究不同，本书从社会网络理论的后结构主义视角出发，关注联盟组合的前因研究，不仅讨论了联盟组合的形成动因，还讨论了联盟组合的微观形成机制，并且从联盟组合主体和联盟组合主体间关系两个层次对联盟组合维度特征进行了详细界定，以探究联盟组合的不同维度特征对企业绩效的影响。同时本书从权变视角进一步完善了环境动态性对联盟组合与企业绩效关系的权变影响。根据现有研究的理论成果与研究方法所提出的假设命题，通过严密的理论分析和逻辑演绎，本书提出了关于联盟组合的形成机制以及绩效影响的多层次理论框架，利用国税数据库样本数据，通过大样本统计分析对理论假设进行了实证检验，并通过嵌套式纵向案例研究进一步解释了联盟组合的形成和动态演化过程。具体来说，本书在以下方面进行了理论研究的拓展。

（1）关注网络异质性，在联盟组合结构和关系维度基础上强调伙伴维度特征的重要性，打开“联盟组合”这一构念“黑箱”的同时也完善了测度体系。

由于联盟组合的研究还处于起步阶段，现有研究主要是根据以往社会网络理论中对网络的划分，如联盟组合的结构维度和关系维度。实质上，联盟组合的结构维度和关系维度可以归纳为联盟组合主体间关系层次，是在网络同质性视角下的划分方式。本书从网络异质性视角出发，着重关注联盟组合中主体——伙伴的维度特征。从联盟组合的结构维度、关系维度和伙伴维度三个层面展开对联盟组合对企业绩效的影响的分析，从而完善了联盟组合的研究体系。

（2）引入后结构主义视角，强调个体能动性。从前景理论出发，构建起“预期—行为—结构”模型，研究打开了联盟组合形成的微观机制。

在现有国内外关于联盟组合的研究中，主要从网络嵌入性机制分析联盟组合的后果研究，即对绩效的影响研究。本书从后结构主义视角出发，关注网络中行动者的个体能动性，试图打开网络的前因研究这一黑箱，深入分析网络形成机制。因此，本书引入前景理论，突破了以往研究联盟组合形成的嵌入性视角，在此基础上分析绩效预期对联盟组合网络中个体的伙伴选择行为的影响，进而形成不同维度特征的联盟组合的逻辑思路，来分析联盟组合的形成过程和机制。

（3）从权变理论视角出发，立足联盟组合绩效影响悖论，关注情境条件差异，实证检验了环境动态性对联盟组合绩效影响的调节效应。

在对我国企业的联盟组合研究中，市场环境因素显得尤为重要。中国自改革开放以来，实现了从计划经济向市场经济的转型。再加之当前经济全球化的国际经济形势，高绩效联盟组合的构建存在着较大的差异。现有研究很少将联盟组合置于环境动态性下进行分析，探究环境动态性对于联盟组合的绩效影响。本书尝试性地引入环境动态性这一变量，考察其对联盟组合与企业绩效关联关系的调节作用，以解释联盟组合的不同维度特征在环境动态性的调节下对企业绩效影响机制的差异，该研究所得到的结论能够为企业提供有价值的实践，为我国企业提供决策参考。

第二章 国内外研究综述

本章将围绕本书的核心问题“企业如何通过伙伴选择构建高绩效联盟组合”展开相关综述。首先，全面系统地梳理联盟组合文献将十分必要。因此，通过文献计量综述的方法，给出联盟组合研究的全景图，对联盟组合研究的理论进展和发展趋势进行系统的梳理，并结合其趋势、热点对日益兴起的社会网络后结构主义进行阐述。其次，通过对联盟组合的形成动因研究和形成路径相关的文献进行梳理，并结合本书研究主题对即将引入的前景理论进行综述。最后，着重论述联盟组合不同维度特征的划分方式以及绩效影响的相关研究，并结合本书研究视角对权变理论进行论述。

一、联盟组合文献计量研究

国际学术领域日益关注战略联盟中联盟组合的构建和效益提升问题，并把联盟组合放在战略联盟的核心位置。一方面，联盟组合构建的内在逻辑对理解网络形成至关重要。另一方面，联盟组合还涉及影响企业绩效的综合特性，而这些对单一关系则没有任何意义。同时，联盟组合还是网络演化的引擎。

基于此，本部分将全面系统地梳理联盟组合研究的源起、进展、理论基础、研究热点以及未来研究方向，为本书进一步的研究奠定坚实基础。具体而言，本部分讨论联盟组合文献的起源、进展与趋势等，通过引用分析重点讨论联盟组合的理论基础，通过共词分析重点讨论联盟组合的研究热点与未来方向。

（一）联盟组合文献识别

1. 综述方法的选择

本节选择系统的（Systematic）、定量的（Quantitative）研究方法对联盟组合的文献进行综述，这也符合近来管理文献中对于提升综述文章方法稳健性的呼吁（Keupp et al.，2012）。具体而言，本书综述联盟组合的文献主要做出两个重要的选择：第一，考虑到要系统地综述联盟组合文献，本书选择所有被 SSCI 检索的期刊中管理（Management）和商业（Business）领域的所有相关文章，以期全面了解现有研究进展。第二，本书选取描述性统计、引文分析（Citation Analysis）（Persson et al.，2009）和共词分析（Co－word Analysis）（Nag et al.，2007）这三种常用的分析工具，一方面有利于描述和梳理主要文献的内容、文献之间的关系以及聚类出的文献群体之间的关系（综述宽度），另一方面有利于深入分析研究内容和主题的聚类（综述深度），进而识别出现存文献的不足和未来研究趋势。

2. 数据收集

本书综述的范围为同行评议期刊文章（Refereed Journal Publications），去掉了书目章节、非同行评议期刊等文献，因为这些文章被认为是经过确认的知识并且有可能对领域内产生重要的影响（Podsakoff et al.，2005；Ordanini et al.，2008）。具体而言，本书选取 ISI Web of Knowledge 中 Social Science Citation Index（SSCI）数据库作为文献来源。

本书具体采用二阶段选择过程对相关文献进行识别。首先，本书搜寻 SSCI 检索的所有期刊（从 1998 年 1 月 1 日到 2015 年 3 月 10 日）中可在线获取的文章。与文献中做法相一致，本书采用关键词搜寻的方法，搜索在标题、摘要中含有“alliance portfolio”或“egometric network”或“tie portfolio”的文章（搜索项为 Topic = “alliance portfolio” or “egometric network” or “tie portfolio”），并限制在商业与管理领域的研究（搜索项为 Web of Science Categories：management or business）。其次，请两位研究人员分别阅读筛选出的所有文章标题与摘要，进行甄选明显偏离主题的文章（两位评测者得出的结果完全一致），去掉新闻报道、非英语文章、书评以及如法律心理学等其他领域文章，最终得到 204 篇文章。

3. 数据分析

本书采用三种数据分析方法对已经整理出的文献进行系统的分析。首先，本书将进行总体的描述性分析，包括文章发表数量变化趋势、发表期刊分布、主要作者、主要组织、主要国家等。期望通过描述性统计帮助我们了解有关联盟组合研究的概况。其次，通过引用分析，全面讨论联盟组合理论的基础与引用关系。最后，本章将根据现存采用计量方法进行文献综述的通用做法，进行共词分析，针对 204 篇文章的关键词，分析现存联盟组合文献的热点研究问题和未来的发展方向。其中，引用分析和共词分析均采用 BibExcel 和 Ucinet 软件结合的方法（Persson et al.，2009）。

（二）联盟组合研究进展与趋势

1. 发文趋势分析：全景图

发表数量与期刊。图 2－1 展示了有关联盟组合领域文献每年发表量的总体上升趋势。表 2－1 展示了主要发表的期刊，可以看出联盟组合的文献主要发表在以 *Strategic Management Journal*、*Organization Science*、*Academy of Management Journal* 等战略领域的知名期刊上，其中 *Strategic Management Journal* 发表量占总文量的 8.33%，表 2－1 所列的 9 本期刊的发文量占总发文量的比例超过 30%，已经基本形成一个研究联盟组合的重要期刊群。此外，除 *Strategic Management Journal* 一直发表大量联盟组合的文章外，*Techonology Analysis and Strategic Management* 以及 *Technovation* 等创新领域的权威期刊上相关研究也逐渐增多。

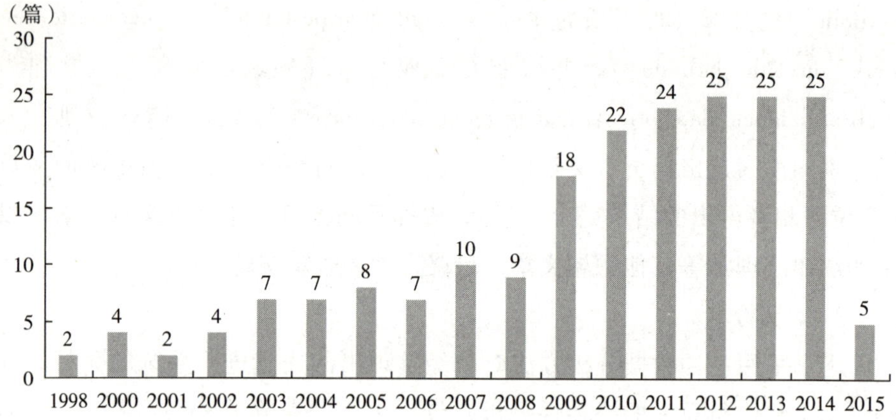

图2－1　联盟组合文献每年发表数量

表2－1　发表论文数最多的期刊

序号	期刊名称	数量（篇）	占比（%）
1	Strategic Management Journal	17	8.33
2	Journal of Product Innovation Management	7	3.43
3	Organization Science	7	3.43
4	Academy of Management Journal	7	3.43
5	Journal of Business Venturing	6	2.94
6	Long Range Planning	6	2.94
7	Journal of Marketing	6	2.94
8	Technology Aanalysis & Strategic Management	6	2.94
9	Technovation	6	2.94
10	Journal of Management	6	2.94

（1）国家与组织分析。表2－2展示了发表论文数最多的国家，表2－3展示了发表论文数最多的组织。这两个表格一致的地方在于美国、荷兰、

西班牙和加拿大是4个主要进行联盟组合领域研究的国家。然而，表2－2中发文最多的国家是美国，主要原因是由于美国整体的发文数量较多，同时也在一定程度上反映了北美对于联盟组合领域研究的兴趣。表2－3中详列了发表论文数最多的组织，其中荷兰的伊拉兹马斯大学（Erasmus Univ）排名第一，美国斯坦福大学和以色列理工大学排名并列第二。此外，英国、德国、芬兰等欧洲国家对联盟组合研究也具有浓厚的兴趣，并发表了一定量的论文。

表2－2 发表论文数最多的国家

序号	国家	数量（篇）	占比（%）
1	美国	82	41.21
2	荷兰	15	7.54
3	英国	14	7.04
4	德国	10	5.03
5	西班牙	10	5.03
6	加拿大	10	5.03

表2－3 发表论文最多的组织

序号	组织	数量（篇）	国家
1	Erasmus Univ	6	荷兰
2	Stanford Univ	5	美国
3	Technion Israel Inst Technol	5	以色列
4	Univ Seville	4	西班牙
5	Concordia Univ	4	加拿大
6	Aalto Univ	4	芬兰
7	Babson Coll	4	美国
8	Univ Illinois	3	美国

（2）作者分析。表 2－4 展示了这 204 篇中发表论文量最多的几位作者，其中 Wassmer 教授发表的著作《联盟组合：综述和研究议题》（*Alliance Portfolios：A Review and Research Agenda*）为联盟组合领域的研究进行了全面的归纳和总结。Duysters 教授、Vanhaverbeke 教授和 Lavie 教授等世界知名学者都对战略联盟和社会网络研究起重要的推动作用。表 2－5 展示了这 204 篇文章引用最多的作者，Gulati 是社会网络领域具有很高声望的专家，也是联盟组合领域研究的主要提出者和推动者，他在 1998 年的《联盟和网络》（*Alliances and Networks*）一文中前瞻性地提出了联盟组合管理在战略联盟中的重要作用，谷歌学术引用率超过 4500 多次，是联盟组合研究的重要理论基础。Eisenhardt 是斯坦福大学工程学院的教授，主要研究战略与组织管理，尤其是对科技型企业和高速成长的产业的研究。其发表的《联盟组合的起源：企业家、网络战略与公司绩效》（*Origin of Alliance Portfolios：Enterpreneurs，Network Strategies，an Firm Performance*）为社会网络的前因研究提供了扎实的理论支撑和最佳的案例研究范式，对于联盟组合的形成和演化研究有着重要启示。

表 2－4　发表论文数最多的作者

序号	作者	单位	文章数（篇）	研究领域
1	Duysters G	Tilburg University	7	创业
2	Wassmer U	Concordia University	6	战略联盟
3	Vanhaverbeke W	Hasselt University	5	战略与创新
4	Lavie D	Israel Institute of Technology	5	工业工程与管理、技术
5	Lokshin B	Maastricht University	4	开放式创新、联盟、研发
6	Faems D	University of Groningen	4	创新战略、联盟与并购
7	van de Vrande V	Erasmus University	4	创新管理、创业投资
8	Heimeriks KH	Tilburg University	4	战略联盟

表 2-5 204 篇文章引用最多的作者

序号	作者	被引用次数（次）	单位	研究领域
1	Gulati R	246	Harvard Business School	联盟、网络、合作
2	Lavie D	131	Israel Institute of Technology	工业工程与管理
3	Dyer JH	120	University of Pennsylvania	创新、改变、联盟
4	Eisenhardt KM	113	Stanford University	战略组织管理
5	Ahuja G	112	University of Michigan	社会网络、商业创新
6	Kogut B	106	Columbia University	管理战略、比较管理
7	Stuart TE	103	University of Chicago	企业战略、组织创业
8	Hagedoorn J	100	Maastricht University	战略管理

（3）引用率最高的文章分析。表 2-6 展示了 204 篇文章中引用率最高的文章是 Powell（1996）的文章，该文章提出了将网络分析方法应用到组织学习中，进行企业间关系、网络位置和合作活动组合管理，将组织学习与组织网络和战略联盟研究相结合。该文自发表以来引用已经超过 7000 多次，被 204 篇文章引用也达 55 次，充分地展示了该文对于战略管理领域研究的影响。接下来的 3 篇分别是 Dyer（1998）被引 54 次，Cohen（1990）被引 51 次，以及 Baum（2000）被引 50 次。另外，表格内展示的其余几位作者——Gulati、Stuart、Lavie 和 Hoffmann，其代表文章所提出的联盟组合研究新的观点和见解，为联盟组合研究起重要的推动作用。

2. 引用分析结果：理论基础

图 2-2 全面展示了这 204 篇文章的引文分析结果，每一个节点均为一篇被引用的文献，标签所注为文章作者和发表年份。节点的大小表示文献被引次数的多少，文献被引用次数越多的节点越大。节点与节点间的连线表示文献间的共引关系，两篇文献一同被引用的次数越多连线越密集。

表 2-6 引用率最高的文章

作者	发表年份	标题	期刊	引用次数（次）	谷歌学术引用次数（次）
Powell W W	1996	Interorganizational Collaboration and the Locus of Innovation: Networks of Learning in Biotechnology	Admin SCI Quart	55	7149
Dyer J H	1998	The Relational View: Cooperative Strategy and Sources of Interorganizational Competitive Advantage	Acad Manage rev	54	8684
Cohen W M	1990	Absorptive Capacity: A New Perspective on Learning and Innovation	Admin SCI Quart	51	25040
Baum J A C	2000	Don't Go It Alone: Alliance Network Composition and Startups' Performance in Canadian Biotechnology	Strategic Manage J	50	2091
Gulati R	1998	The Dynamics of Learning Alliances: Competition, Cooperation, and Relative Scope	Strategic Manage J	46	1605
Stuart T E	2000	Interorganizational Alliances and the Performance of Firms: A Study of Growth and Innovation Rates in a High-technology Industry	Strategic Manage J	45	1528
Lavie D	2007	Alliance Portfolios and Firm Performance: A Study of Value Creation and Appropriation in the US Software Industry	Strategic Manage J	44	394
Hoffmann W H	2007	Strategies for Managing a Portfolio of Alliances	Strategic Manage J	43	316

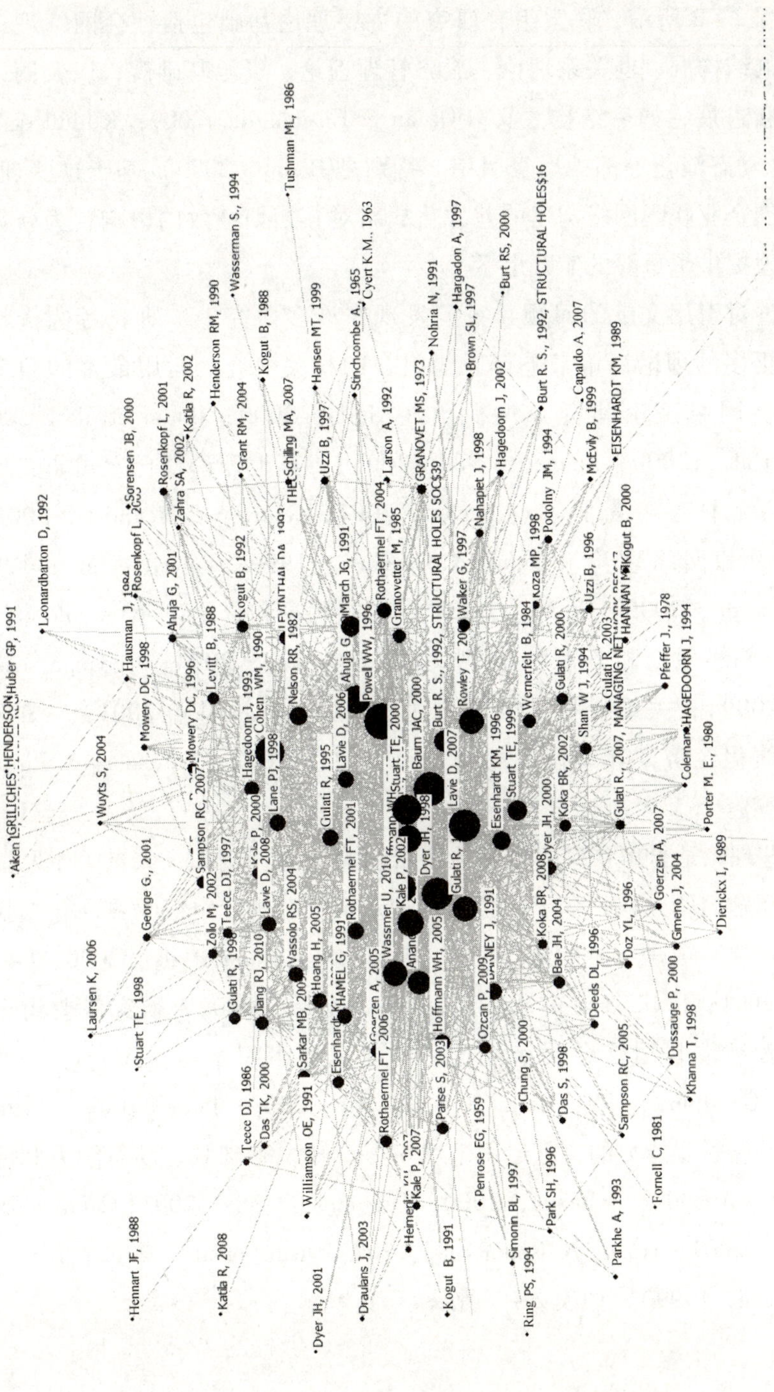

图 2－2 引文分析结果

如图2-2所示，联盟组合研究的主要理论基础包括社会网络理论以及其中的结构洞、弱关系理论、战略管理理论、资源基础观，以及网络理论中的新进展，如后结构主义（Ozcan & Eisenhardt，2009；Kilduff et al.，2006）、动态演化等都被反复引用。特别是Baum（2000）基于这些理论，提出新创企业联盟网络构建的差异化战略对其初期绩效的影响，为新创企业的管理提供了重要的实践启示。

通过对引用文献的回顾，我们发现在许多研究中，研究者选择整合两个或更多的理论视角来进行联盟组合的相关研究。运用最多的两个理论是社会网络理论和资源观视角（Ahuja，2000；Baum et al.，2000；Chung et al.，2000；Zaheer & Bell，2005）。其他理论整合方式如交易成本经济学和社会网络理论（Goerzen，2007；Goerzen & Beamish，2005），组织学习和网络理论（Gulati & Gargiulo，1999；Powell et al.，1996；Rowley et al.，2000；Stuart，2000），期权理论和资源观（Vassolo et al.，2004），网络理论和资源依赖观（Bae & Insead，2004；Ozcan & Eisenhardt，2009），关系观和组织学习视角（George et al.，2001），知识基础观、演化经济学和动态能力（Kale et al.，2002；Lorenzoni & Lipparini，1999）。

一些理论适合解释某一类联盟组合研究问题。例如，大量关于联盟组合配置问题的研究都是基于社会网络理论、资源观、组织学习（包括探索和利用框架）或是三者的结合（Ahuja，2000；Baum et al.，2000；George et al.，2001；Lavie & Rosenkopf，2006；Stuart，2000）。研究联盟组合成因的学者经常利用社会网络理论、资源观和组织学习（Ahuja，2000b；Gulati & Gargiulo，1999；Ozcan & Eisenhardt，2009；Powell et al.，1996）。大多数研究联盟能力的文献运用组织学习、知识基础观、动态能力和演化经济学（Anand & Khanna，2000；Draulans et al.，2003；Heimeriks & Duysters，2007；Hoang & Rothaermel，2005；Kale et al.，2002；Lorenzoni & Lipparini，1999），如表2-7所示。

表 2－7　联盟组合研究的理论基础

理论或视角	相关研究
社会网络理论	Ahuja, 2000a, 2000b; Bae & Inseao, 2004; Baum et al., 2000; Capaldo, 2007; Chung et al., 2000; Goerzen, 2007; Goerzen & Beamish, 2005; Gulati, 1999; Powell et al., 1996; Rowley et al., 2000; Stuart, 2000; Walker et al., 1997; Zaheer & Bell, 2005
组织学习	Anand & Khanna, 2000; Draulans et al., 2003; George et al., 2001; Gulati, 1999; Hoang & Rothaermel, 2005; Kale et al., 2002; Lavie & Miller, 2008; Powell et al., 1996; Reuer et al., 2002; Stuart, 2000
探索/利用	Dittrich et al., 2007; Lavie & Rosenkopf, 2006
资源观	Ahuja, 2000a, 2000b; Chung et al., 2000; Lavie, 2006; Lorenzoni & Lipparini, 1999; Vassolo et al., 2004; Zaheer & Bell, 2005
动态能力	Kale et al., 2002; Lorenzoni & Lipparini, 1999
知识观	Draulans et al., 2003; Kale et al., 2002; Lorenzoni & Lipparini, 1999
关系观	George et al., 2001
演化经济学	Kale et al., 2002
交易成本观	Goerzen, 2007; Goerzen & Beamish, 2005
代理理论	Reuer & Ragozzino, 2006
权变理论	Hoffmann, 2007
共同进化理论	Hoffmann, 2007
契约观	Anand & Khanna, 2000
实物期权	Vassolo et al., 2004
资源依赖理论	Bae & Insead, 2004; Ozcan & Eisenhardt, 2009

资料来源：Wassmer（2010）。

3. 共词分析结果：研究趋势

图 2－3 展示了这 204 篇文章共词分析的结果，图中每一个节点代表一个关键词，标注为关键词的内容。节点的大小说明该关键词在文献中出现次数的多少。文献间同用一个关键词的共词关系则用节点与节点间的连线表示，连线越密集说明这两个关键词在同一篇文献中同时出现的次数越多。

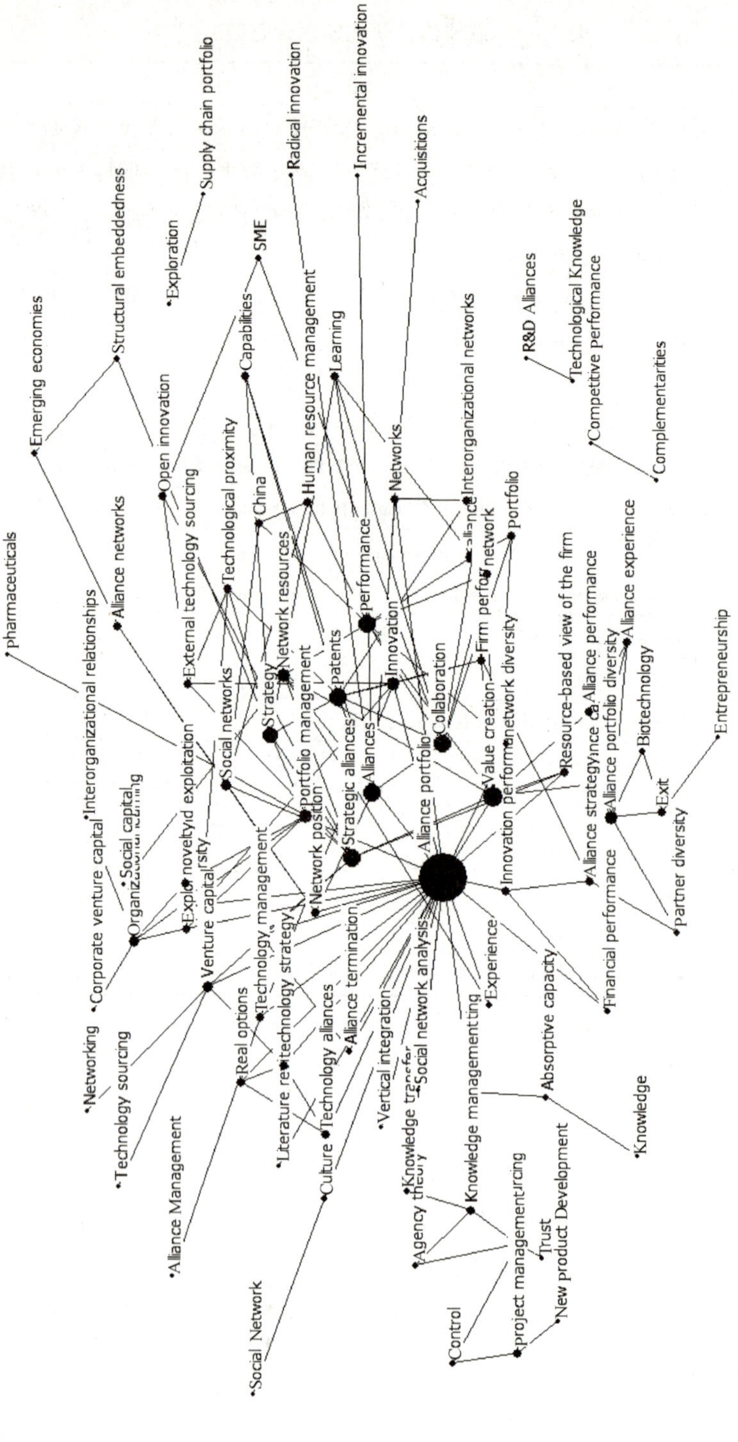
pharmaceuticals
Interorganizational relationships
Emerging economies
Structural embeddedness
Alliance networks
Open innovation
Exploration
Supply chain portfolio
External technology sourcing
Technological proximity
Capabilities
SME
Radical innovation
China
Network resources
Human resource management
Learning
Incremental innovation
Acquisitions
Networks
Interorganizational networks
performance
Innovation
patents
Strategy
Social networks
Portfolio management
Strategic alliances
Alliances
Collaboration
Firm perfor
network
Portfolio
Value creation
network diversity
Resource-based view of the firm
Alliance performance
Alliance portfolio diversity
Alliance experience
R&D Alliances
Technological Knowledge
Competitive performance
Complementarities
Biotechnology
Entrepreneurship
Exit
Partner diversity
Alliance portfolio
Innovation perform
Alliance strategy
Financial performance
Network position
Corporate venture capital
Social capital
Venture capital
Technology management
Technology strategy
Alliance termination
Technology alliances
Real options
Experience
Absorptive capacity
Social network analysis
Vertical integration
Knowledge management
Knowledge
Networking
Technology sourcing
Alliance Management
Literature review
Culture
Agency theory
Trust
New product Development
project management
Control
Social Network

图 2-3　共词分析结果

如图 2 - 3 所示，联盟组合研究的三个热点和两个研究空白得以涌现：首先，联盟学者对联盟组合的后果研究（如绩效影响、价值创造）成为联盟组合研究的热点。这与 Baum（2000）、George 等（2001）和 Mouri 等（2012）学者的研究与呼吁相一致。联盟组合的绩效影响研究也为联盟组合研究提供了合法性，吸引更多学者和实践者的关注。其次，现存文献的研究热点已经逐渐由联盟组合的整体网络层次研究向联盟组合的微观个体层次转移。大量学者的关注点从单一联盟的选择和管理逐渐向从组合的视角来进行联盟组合的管理能力的提升方向转移，联盟组合多样性研究受到了广泛关注。这与 Jiang 等（2010）对此方面的持续关注密切相关。最后，现存文献把注意力逐渐投向如何能提升联盟组合管理能力。这与已有文献中探寻企业战略与联盟组合管理能力提升的关系研究相一致（Hoffmann，2007；Ozcan & Eisenhardt，2009）。

总之，通过系统的、定量的文献综述方法，采用描述性统计、引用分析和共词分析等计量手段，对 204 篇联盟组合文献进行全面综述，首先展示了论文发表的趋势、主要期刊群、主要组织与国家、主要作者及引用率最高的文章，并做简要分析以期给出联盟组合的全景图。而后通过引文分析，重点梳理了研究发展脉络以及讨论了联盟组合文献在技术创新、战略管理以及国际商务等领域寻找理论基础的努力。最后通过共词分析讨论了现存文献的研究热点和不足以及未来的研究方向。

通过对现有文献的综述，本节发现如下三个重要的结论：首先，联盟组合的绩效影响至关重要。这在转型经济体发表的文章数量、研究组织的兴起以及研究学者的增多中可以窥出，同时共词分析也显示了这一趋势。其次，联盟组合的维度特征的划分由宏观层次向微观层次转移。最后，基于后结构主义范式，结合企业战略，对联盟组合的前因研究已经成为新的趋势。同时，也有一些新的理论涌现，研究焦点逐渐转向关注联盟组合的前因研究。基于社会网络理论中的后结构主义范式的联盟组合形成和演化机制研究已经成为新的趋势。

（三）后结构主义的兴起

1. 后结构主义的独特之处

社会网络研究常常遵循结构主义的学术传统。尽管它与列维—施特劳斯、阿尔都塞和拉康为代表的欧洲大陆派结构主义有一定的区别，但它明显地类属于总体的结构主义派别。它强调以矩阵代数式表示关系，研究中偏重于探讨关系背后潜存的模式，而忽视了文化和历史方面的情境因素。

后结构主义视角的基本特征及其对有关组织的社会网络研究的启示如表2-8所示。表中第一行是将积极主动的智能体的概念引入我们的研究议程中。集成了德克海姆式传统的纯社会学的方法，对个体在网络形成与变革中的作用置之不理或者将其完全忽略。与前者不同，我们把社会网络视为对个体行动者不断变化着的努力与意愿的一种响应。网络演变的重要因素为行动者对其所处网络位置的认知，正是这种认知和信念构建了他们在主观上所认知的网络。当然，这种认知的网络与行动者实际的互动网络互有关联，并且是后者的反映。然而，当前研究者的注意力主要放在后一类网络上，使它成为大家更为熟悉的研究焦点。行动者相信的是，他们是在与被他们认为将取代自己在网络中位置的他人相竞争，或者与他们认为同其建立网络关系将对自己有益的他人合作。感知驱动了行动，行动又改变了网络。

表2-8　后结构主义与社会网络

后结构主义的特征	对社会网络研究的启示
将主体引入研究中；行动者是积极主动的智能体，他们以行动和认知参与网络的构建	对网络主观上的感知和解释以及主体的智能性等给予全新的关注
挑战虚幻的研究进展	恢复历史上重要研究成果的地位
强调多元性、变动性和对结构的主观认知，而不是结构形式的稳定	多种相竞争的理论并存；更多关注短暂的关系、个体身份的多变性以及行动者的异质性
将社会和社会科学作为文本	语言是网络的媒介；结构经典之作

续表

后结构主义的特征	对社会网络研究的启示
网络行动者包括人类，也包括机器建筑物等	考察人类行动者与其所在环境中其他类别行动者之间的关系

资料来源：社会网络与组织［M］. 北京：中国人民大学出版社，2007.

依照后结构主义的智能性观点，我们需要考察个体有关规范、价值观和行为的主观解释的认知网络是如何转换和变更的，以及个体是如何围绕特定的问题与人员结成或重新结成联盟关系的。网络研究惯常忽略个体的属性，它把研究的着重点放在关系而不是固化的实体上。后结构主义视角对社会网络具有想当然的稳定性和客观性的观点提出了挑战，它提醒我们要注重网络关系的易变性和主观性。

依照后结构主义的多变性观点，我们更强调短暂多变的关系、认知及关系的重要性，认为组织是永远处于流动与转型状态中的各种关系所构成的网络。格兰诺维特（1973）将弱关系界定为一种比组织网络研究中所提及的强关系更为短暂的关系。由于弱关系存在于行动者的记忆中，而非日常的互动交流常常被组织研究忽视。最近的理论化倾向是，把弱关系理论简化成结构洞理论的一个分支（Burt，1993）。尽管事实上无论是强关系还是弱关系，都可以在结构洞上架起联系的桥梁，但强关系的网络比弱关系的网络具有更强的稳定性也是一个事实。人们在组织中每天都会遇到许多陌生的人，但其中只有一些可能在日后经常遇见。然而，恰恰就是从这些偶然相遇的人那里产生各种闲言碎语、奇闻轶事、五花八门的观点以及使潜存的差距得以揭露的社会比较，等等。因此，从认为组织处于不断流动状态中的视角来看，弱关系具有特别的重要性。常规的网络方法根本没有看到组织的变动性这一面。

2. 后结构主义的研究范式

对于后结构主义研究者来说，其兴趣点并不仅仅在一般性、通则性上，更是在独特性方面。无论是对个体层次的研究还是对组织层次的研究，他们都持有这两个方面的兴趣。比如，一个组织中特有的网络模式，可能成为他们的关注点。从这一意义上可以说，后结构主义的网络方法回归到了作为网络学派之源的人类学。

后结构主义的社会网络学派是什么样的？我们可以推测出如下几个方面：它将对文化、历史等社会情境给予更多的关注。对任一组原理（如结构对等）的一般性真理的探寻，以及将复杂模式简化成简单模式的主张，都将受到后结构主义探究者的质疑。行动者的属性在标准的社会网络分析中几乎完全被忽略了，但在后结构主义的探究中将被重新引入，以弥补目前对两项关系矩阵的过度依赖。还有，将有更多的注意力放在行动者的社会建构、智能性和主观性方面。与试图搜寻一种真实的网络结构不同，后结构主义探究者认识到可能存在多种“真实的”网络结构，因而将对主观认知的重要性给予明确的肯定与接受。

在拒绝那种中心命题理念的研究体系的基础上，后结构主义者强调指出，我们所生活的世界本质上可以有多种不同的甚至不确定的解释。因此，既能传达现实的差异性和异质性，又能概括地反映其中惊人的共通之处的研究，是目前迫切需要的。差异中存在的共通性使跨越传统边界的人能够关系起来。后结构主义网络研究不仅着眼于全力捕捉官僚组织中稳定的关系模式，更着眼于捕捉周边的、动态性的社会关系。开展这样的研究必然要求对关系形成和演变的社会情景做更为细致的考察。我们期待看到更多的关于网络关系的翔实的案例研究，同时也希望更少有人武断地漠视对那些嵌入当地特殊场景中社会关系的研究。

后结构主义的研究倾向于朝着小规模或个体的努力而不是大规模的科研团队的方向发展。从后结构主义的视角看，要避免那种由宏大叙事占主导地位的局面。唯有这样，各种不同的意见才可能形成令人喜悦的百家争鸣局面。从后结构主义的视角看，社会本身是可以作为一个文本加以理解和分析的（Taborsky，1997）。在社会中，人们之间的社会网络部分地具有个体在每天重新审视自己的身份时创造出的某种有独特意义的文本特征，并且这种独特的意义可以由个体不断进行再创造。

二、联盟组合的形成机制

在梳理联盟组合形成的相关研究之前，有必要明确联盟组合的含义。现有的联盟组合的概念如表2-9所示。最常见的界定联盟组合的概念是将联盟组合视为一个焦点企业所有战略联盟的集合（Bae & Insead，2004；George et al.，2001；Hoffmann，2007；Lavie，2007；Lavie & Miller，2008）。基于社会网络视角的研究认为联盟组合可以看作焦点企业的自我中心联盟网络，强调企业联盟组合实际上就是企业与不同合作伙伴构建的所有直接联系的集合（Baum et al.，2000；Rowley et al.，2000）。联盟研究者从组织学习视角观察联盟组合时则将其界定为企业通过缔结一系列联盟而积累的联盟经验（Anand & Khanna，2000；Hoang & Rothaermel，2005；Kale et al.，2002；Reuer et al.，2002；Simonin，1999）。本书基于社会网络理论视角从企业层面分析联盟组合配置特征对其绩效的影响，故本书采用Baum等（2000）的定义，即联盟组合是指以焦点企业为中心，在给定时间段内与其具有直接联盟关系的所有企业的集合。

表2-9 现有的联盟组合的概念

代表文章	联盟组合概念界定
Bae 和 Insead（2004）	企业所有联盟的集合
Baum 等（2000）、Rowley 等（2000）	焦点企业的自我联盟中心网
Doz 和 Hamel（1998）	焦点企业维系的双边联盟的集合
George 等（2001）	企业的战略协议或关系的组合
Hoffmann（2007）	焦点企业的所有联盟
Lavie（2007）	与企业有直接联盟关系的伙伴的集合

续表

代表文章	联盟组合概念界定
Lavie 和 Miller（2008）	企业现有的直接联盟伙伴的集合
Parise 和 Casher（2003）	企业的业务伙伴关系网络
Reuer 等（2002）	企业积累的国外合资经验
Reuer 和 Ragozzino（2006）	焦点企业所有国外合资企业

资料来源：Wassmer（2010）。

通过文献综述可知，多数关于联盟组合的研究主要判断联盟组合如何配置，而忽略联盟组合本身维度的差异，研究结论具有一定的局限性。然而，只有将联盟组合合理量化才能使研究结论更有说服力，使研究更进一步推进。因此，本书主要关注联盟组合的维度特征。现有研究还没有对联盟组合的维度给出一个界定。本书认为，联盟组合的维度划分可以从联盟组合主体和主体间关系两方面来分析。

在以往的研究中，大多数社会网络理论过多地强调网络同质性，认为网络中各个行为主体是同质的，忽略行为主体的属性。他们仅仅关注联盟组合的结构特征和关系特征，这两个维度特征实质上都是在描述联盟组合主体间的特征，而忽略对联盟组合主体——伙伴维度的关注。然而，网络的异质性对研究网络形成和演化至关重要，也逐渐被越来越多的学者关注。网络异质性关注的是网络各个节点本身，关注的是网络内的行为主体，强调的是主体间的异质性。在对联盟组合的研究中，有少量研究者从联盟组合的伙伴声誉、多样化程度等方面分析对联盟绩效或企业绩效的影响。尽管如此，对联盟组合的维度划分还较为零散、缺乏体系。本书认为，在界定联盟组合维度时应既考虑联盟组合主体间关系的维度，也同时关注联盟组合主体本身的维度特征。

（一）联盟组合形成动因研究

联盟组合的前因研究主要围绕以下两个研究问题展开：①企业为什么

构建联盟组合？（Ahuja，2000a；Chung et al.，2000；Gulati，1995；Gulati，1998）；②企业如何构建联盟组合？（Gulati & Gargiulo，1999）需要注意的是，第一个问题与以往联盟组合的文献强调的“企业为什么进入联盟”“联盟网络在产业层次是如何出现的”在某种程度上是不同的。传统的联盟研究主要关注个体联盟的形成，并解释企业进入战略联盟的原因、合作伙伴选择的影响因素（Ahuja，2000b；Chung et al.，2000；Gulati，1995；Gulati，1998）。企业形成战略联盟的动机被归纳如下：为了从合作伙伴处获取新的有价值的资源（Chung et al.，2000；Das & Teng，2000；Eisenhardt & Schoonhoven，1996；Lavie & Rosenkopf，2006）；为了减少交易成本（Kogut，1989）；为了向合作伙伴学习（Kogut，1989；Inkpen，2000）；为了通过期权来处理扩张时面临的不确定性（Kogut，1991）；为了提高与竞争对手相比的竞争优势（Gimeno，2004；Kogut，1989；Silverman & Baum，2002）。因为联盟组合本质上是多种形式的个体联盟形成的结果，每个联盟都有其各自的动机和目的，个体联盟的目标和联盟组合战略之间一个共同的联系是业务层次战略的实施（Hoffmann，2007；Bos et al.，2014）。然而，联盟组合经常代表一系列整体上未能融合成一致的个体联盟的组合（Bamford & Ernst，2002；Doz & Hamel，1998；George et al.，2001；Castro et al.，2014），联盟研究者针对企业构建和维系联盟组合的原因提出了许多基本原理，不仅仅是已有关于企业进入个体战略联盟的动机研究。当然，企业可以获得同时维系多个联盟的整体收益，如果只有一个联盟，就不存在这样的收益。企业构建联盟组合的主要动机之一是对风险和不确定性的管理。企业通过和不同企业建立合作关系，会使其进行联盟伙伴选择时有更多的选择机会，同时，与熟悉信任的企业建立联盟关系可以有效地降低风险。通过追求同一时期的联盟的多个目标，企业可以分散风险和即将面对的潜在不确定性，获得更大的整体联盟收益（George et al.，2001；Hoffmann，2007）。

从学习视角，企业构建联盟组合比建立单一联盟可以获得更多的利益（符正平等，2011；江积海和刘风，2013）。与不同合作伙伴同时建立多个联盟可以为企业提供更丰富的经验基础来加速他们学习如何设计和管理战略联盟过程（Anand & Khanna，2000；Castro et al.，2014）。虽然建立个体联盟逐渐被视为重要的战略机制来获得有价值的伙伴资源，从而克服企业内部的资源限制，但是企业建立联盟组合可以从不同的合作伙伴中同时获得广泛的有价值的联盟资源提高企业的资源存量和能力来获取关系租金（Ahuja，2000；Gulati，2007；Hoffmann，2007；Lavie & Rosenkopf，2006）。

从社会网络视角，企业构建联盟组合的动机主要包括以下三点：首先，从结构洞视角出发，焦点企业可以通过构建联盟组合占据互不相连的伙伴间的结构洞位置，同时，焦点企业也可以占据潜在的联盟伙伴与没有联系的已有的联盟伙伴之间的结构洞位置。通过有利的网络位置，企业可以获取多样化的网络资源，还可以提高他们已有联盟伙伴的社会资本（Walker et al.，1997）。其次，从关系嵌入视角来看，企业可以通过与已有伙伴构建新的联盟来扩大联盟组合的某一部分（Goerzen，2007；Gulati，1995；Gulati & Gargiulo，1999）。合作的历史经验和他们已经建立的信任程度不仅会影响未来联盟形成的可能性，也会影响未来联盟治理结构的相关决策（Gulati，1995；Gulati & Gargiulo，1999）。最后，影响企业增加新的联盟的决策的因素是结构性嵌入，即如果焦点企业和潜在的联盟伙伴之间之前已经有非直接的联盟关系，它们更可能形成新的联盟（Gulati & Gargiulo，1999）。

部分研究通过信号显示理论与社会网络理论相结合分析企业如何构建其联盟组合。研究表明，与多个联盟伙伴构建联盟组合有利于合法性较高的信号进行传递，促进自己对外界潜在联盟伙伴的吸引力的提高，从而企业构建联盟的可行域得到扩展。这类研究主要关注新创企业和创业型企业。研究表明，具有某种程度上的创业导向的企业更会利用战略联盟，因此，具有较强创业导向的企业比创业导向较弱的企业更有可能构建联盟组合（Marino et al.，2012）。新创企业构建联盟组合的重要动机在于与已有企业的关系和资源的提升（Baum et al.，2000）。与显著型伙伴构建联盟组合可以提供有价值的资源，这通常是新创企业 IPO（首次公开募股）战略，因为与一系列成熟伙伴的良好关系可以为股票市场提供重要的信号，也会促进 IPO 的成功（Gulati & Higgins，2003；Stuart et al.，1999）。

另外，外部环境也可以成为解释企业构建联盟组合的重要因素之一。一方面，企业经常构建和利用它们的联盟组合作为与竞争性的环境共同演化的机制来改变竞争的本质（Lorenzoni & Lipparini，1999）。另一方面，企业的联盟组合也会被竞争性的环境改变，因此，联盟组合也可以看作行业层次竞争动态性的复杂过程的结果，企业通过进入攻击型联盟和防守型联盟不断构建自己的联盟组合（Gimeno，2004；Leeuw et al.，2014）。

尽管已有研究提到假设企业是有限理性的，构建联盟组合为了战略原因去满足合伙人的利益，但是最近的研究提出从企业治理的视角来解释构建联盟组合的动机和过程。通过运用代理理论，Reuer 和 Ragozzino（2006）发现，企业有关投资联盟组合的决策由于所有者和控制者的分离，产生代理风险。经理的自身利益和获得私人利益的努力会从构建和扩张联盟组合中实现，因此会伤害焦点企业和股东的利益。这个研究的重要贡献在于对联盟组合产生和平衡进行研究，因为它是应用企业治理视角。但是，研究的普适性在某种程度上由于企业仅仅关注美国制造业企业而受到限制。

总之，已有研究发现表明，联盟组合的产生可以从不同层次来解释（郭军灵，2003；詹也、吴晓波，2012）。首先，从企业层次，企业构建联盟组合主要是由于战略原因而提高它们的战略竞争优势。因此，联盟组合被视为一个理性的战略选择过程。其次，从个体经理人的角度，联盟组合仅仅是经理人为了最大化个人利益所做的努力的结果。尽管两个过程的结果本质上都是由于不同的动机去构建联盟组合，但是联盟组合的配置会有所不同。与企业的潜在代理风险会导致随机联盟组合的构建这一动机相比较，联盟组合作为企业理性的战略过程的结果和旨在提高企业战略竞争力的描述更为贴切。

（二）联盟组合形成路径研究

1. 联盟伙伴选择研究概述

已有文献较多地关注二元合作关系下的伙伴选择问题，而忽略当今网络时代盛行的多元合作关系。当企业间合作由二元关系拓展为网络关系时，利益主体的增加会导致伙伴选择需考虑的因素相应增加，并且会大大加大伙伴选择的难度。对此，Medcof（1997）指出，伙伴选择研究更应该关注多伙伴联盟。尽管个别学者（Li & Rowley，2002；Meuleman et al.，2010；Heavey et al.，2014）已从关系网络和社会资本的角度考察多伙伴联盟问题，但并没有从多主体参与的关系治理角度来探讨联盟伙伴选择策略问题。针对这一问题的研究应该关注参与主体的增加可能导致的复杂关系及其影响因素，并探讨网络关系下能使利益最大化的伙伴选择机制。另外，也有学者指出，新产品开发的每一阶段都有其截然不同的任务，而一家企业是无法掌握为开发一种新产品所需的全部技能的。工艺或技术较为复杂的企业在不同阶段所需的合作伙伴类型可能是不同的。因此，未来有必要开展多阶段伙伴选择动态研究。

2. 联盟伙伴选择行为的维度

学者们从不同维度对伙伴选择行为进行了研究。一些研究表明，企业合作的绩效取决于合作伙伴的类型，Fritsch 和 Lukas（2001）基于德国制造业企业的数据发现，与供应商的研发合作促进了企业的工艺创新，而与客户的研发合作促进了企业的产品创新；Belderbos 等（2006）基于荷兰的数据发现，不同类型的研发合作对于企业的创新绩效具有互补效应，与客户的研发合作正向调节企业与竞争者合作以及企业与大学合作对创新绩效的影响。张燕和李海洋（2010）对珠三角集群企业的研究表明，企业与服务中介的联系对企业的创新绩效更重要，因为中介组织在创新链条上处于企业和科研机构的中间，可以更好地实现知识在科研机构之间、企业与企业之间的传播。

也有学者从关系边界、地理边界、技术边界来界定伙伴选择行为（李健和金占明，2007；易朝辉和夏清华，2007；高翔等；2011；王雪原和王宏起，2012）。大部分研究指出，企业伙伴选择是路径依赖的，以前合作的企业之间更有可能形成新的合作（Gulati，1995；Walker et al.，1997），越是相似的企业越有可能形成新的合作，这种相似性包括网络位置（Gulati & Gargiulo, 1999)、资源（Lane et al., 2001）和地位（Chung et al., 2000）等方面。但 Li 等（2008）的研究表明，当企业创新目标越突破性创新，越可能倾向于选择“朋友”，其次是“陌生人”，最后才是“熟人”，而不是按照路径依赖的排序；还有一些研究发现了伙伴选择中的“社会非对称”机制（Ahuja et al., 2009），对于一些企业来说，伙伴选择可能是远距离的（Baum et al., 2005）、超越地位的（Ahuja et al., 2009）、跨越群体的（Rosenkopf & Padula, 2008）。大量对集群企业伙伴选择行为的研究主要从地理边界来界定伙伴选择行为，如本地和非本地联盟伙伴的选择研究。对于研究合作伙伴选择的研究中也会利用技术边界来界定伙伴选择行为。

综上所述，企业伙伴选择行为的维度划分主要是通过伙伴的地理边界（本地、外地、全球伙伴）、技术边界（技术相似、技术互补）、关系边界（朋友、朋友的朋友、陌生人）、组织类型（供应商、客户、大学、中介组织）和合作形式（股权、非股权等）来界定的。

3. 联盟伙伴选择的机制和路径

社会网络理论中的后结构主义关注行动者的属性、认知或个性可能会塑造他们嵌入其中的社会网络。Kilduff 在《社会网络与组织》一书中提出应关注个体行动者在网络中的重要性，认为有关个体和个体在网络中的位置之间如何相互影响的理论和研究能够帮助解答关于社会结构的起源和社会结构对个体认知和属性的影响这类问题。因为行动者的属性、认知或个性可能会塑造他们嵌入其中的社会网络。因此，企业作为行为主体，其联盟伙伴选择行为对其所嵌入的联盟组合的配置可以起重要作用。

关于嵌入的研究是社会学和经济学中一个令人振奋的领域，因为它发展了我们对于社会结构如何影响经济生活的理解（Granovetter, 1985）。嵌入这个概念过去被广泛地用来表达认知、社会结构、制度和文化对经济活动的影响。Zukin 和 Dimaggio（1990）将嵌入划分为四种形式：结构的、认知的、政治的和文化的。Gulati（1995）在讨论联盟形成与社会结构的影响关系时从关系因素和结构因素两方面来解读网络嵌入性。Uzzi（1997）从信任、细致的信息传递和联合的问题解决安排三种机制来阐述经济活动的嵌入性。他发现嵌入式关系主要是从第三方介绍和从前的私人关系中发展出来的。在这些案例中，两个行动者之间没有联系，与二者都有嵌入式关系的第三个行动者就会成为他们的“媒介”（张光曦，2013）。媒介者起两个作用：他或她把对行为的期望从现有的嵌入关系传输到新配对的公司，并把一个交易伙伴欠他或她的互惠传递给另一个公司。本质上，媒介者将现有嵌入式社会结构的期望和机会传递到一个新形成的结构中，为信任及其后的承诺奠定了基础。当交易是互惠的，信任开始形成，并且细致信息传达和联合问题解决的基础逐渐到位（Larson，1992）。

网络嵌入性对企业的伙伴选择行为起到关键的作用（Gulati，1995；Gulati & Gargiulo，1999）。企业所嵌入的已有的网络结构作为外在环境，会对企业接下来的伙伴选择行为产生影响。社会网络理论中结构主义思想阐释了社会网络对个体属性和行为的重要作用（Mayhew，1980）。

在已有的联盟组合研究中，仅有少量学者关注焦点企业自身的伙伴选择行为。Rowley 等（2000）研究表明，企业个体中心网络的关系嵌入性和结构嵌入性会影响企业的伙伴选择行为和企业绩效，并发现了两种嵌入性的内在交互作用。Zaheer 等（2005）认为，更优质的网络结构可以使企业更可能利用其内部能力来提高企业绩效。创新企业还通过构建结构洞这一伙伴选择行为进一步提升企业绩效，表明企业需要增加网络能动能力，使创新企业增加构建结构洞的能力。Milanov 和 Fornhaber（2009）研究发现，新建企业最初的伙伴的规模和中心性等结构特征会影响企业之后的伙伴选择行为，从而影响其之后的联盟网络规模。

尽管目前研究企业联盟伙伴选择行为的影响因素的文献还不多见，但已有文献采用纵向案例研究方法分别从企业技术战略、联盟战略、绩效战略的角度来探讨联盟伙伴选择行为的影响因素。

通过对 IBM 公司战略与其联盟组合配置的共同演化进行案例研究，

Dittrich 等（2007）发现企业战略会影响其联盟伙伴选择行为。正如 March（1991）所指出的，组织一般会采用探索（Exploration）和利用（Exploitation）两种基本的战略选择来适应环境不确定性。研究表明，当 IBM 实施利用式战略时，联盟伙伴的多样化程度较低，联盟组合以强关系为主；而当企业实施探索式战略时，联盟伙伴的多样化程度较高，联盟组合以弱关系为主。可见，企业在不同阶段的战略选择对联盟组合的伙伴关系构建有重要影响。

联盟伙伴选择行为的另一重要决定因素为企业联盟战略。Hoffmann（2007）对西门子公司两个战略业务单元的案例研究验证了这一观点。企业实施稳定型联盟战略时，联盟的数量会减少，联盟伙伴的多样化程度会降低，联盟组合则以强关系为主；企业实施塑造型联盟战略时，与稳定型战略时期的联盟组合相比，强关系数量会逐渐增加；企业实施适应型联盟战略时，联盟伙伴数量会明显增加，伙伴多样化程度显著提高，联盟组合以弱关系为主。

Baum（2005）从学习理论和伙伴选择研究视角出发，深入探讨了当组织的绩效战略目标（绩效预期）与其当前绩效不同时，企业会采取不同的伙伴选择行为，如构建非本地网络关系，来实现其绩效战略目标。学习理论的一个重要概念是企业可以从以往的绩效中学习，会为我们带来一个有趣的问题，企业的绩效是怎样影响不同种类的行动的（March，1989；Miller & Chen，1994；Ocasio，1995）。一个重要的观点是决策者的行动会根据他们的绩效是高于还是低于以往历史绩效或是同行社会绩效的一些目标或是预期值而有所不同（Kahneman & Tversky，1979；Milliken & Lant，1990；March & Shapira，1992；Greve，2003）。当企业的绩效不同于它的目标和预期值时，决策者进行探索式搜索时更倾向于在不确定结果面前采取冒险行为（重构战略、改变市场、介绍新的企业实践和生产过程、提高研发强度、强调创新突破、新产品研发）（Lant et al.，1992；Nohria & Gulati，1996；Greve，2003；Audia et al.，2000；Mezias et al.，2002；Fleming & Bromiley，2003）。

（三）前景理论的引入

1. 前景理论的提出

前景理论（Prospect Theory），是卡尼曼（Kahneman）和特韦斯基（Tversky）（1979）在《风险决策下的前景理论》一文中正式提出的。该理论通过心理学和行为科学相结合的方法揭示了在不确定性条件下的决策机制，并指出人们在做决策的过程中是有限理性的。Kahneman 和 Tverskey 在西蒙研究成果的基础上，将心理学的研究成果融入经济学，前后提出了前景理论和累积前景理论（Cumulative Prospect Theory）。随着科学技术及心理学科的不断发展，人们不仅可以感知到现实生活中无处不在的不确定性，还可以认识到个体有限的认知能力。行为决策是一个非理性、非逻辑的认知过程，这一过程是决策主体的价值取向、主观偏好、教育背景等因素相结合的作用结果，而不仅仅是单纯的基于经济数学模型的理性逻辑推理过程。前景理论实现了经济学与心理学的融合，开创了行为经济学，是经济学的新纪元。卡尼曼也因此于 2002 年获得了诺贝尔经济学奖。

由于前景理论考虑到期望效应理论（Expected Utility Theory）所没有注意到的决策者心理行为因素，能够对不确定性情况下决策者的判断和选择行为进行更准确的描述和解释，前景理论的提出受到学术界的广泛关注，学者们把前景理论看作期望效应理论的可能替代理论（Kahneman & Tverskey，1979）。前景理论的提出对心理学、经济学、行为学等多个学科产生了广泛而深远的影响。当前，国内外学者对前景理论已进行一定的研究，且大量应用于投资决策、消费者行为、腐败行为等方面。前景理论将来自心理学研究领域的综合洞察力融合到经济学，不仅推动了经济学的发展，而且对投资、外交等领域也产生了深远影响。然而，前景理论目前主要应用于金融领域，在其他领域的应用还不多。

2. 前景理论的应用

在决策过程中面对获得和损失时的态度研究是前景理论的主要应用之一。具体来说，前景理论认为，当决策者面临获得时，决策者是风险规避的，而面临损失的时候，决策者是风险追求的；而且决策者在面对相同数量的获得和损失时的反应是不同的，损失所带来的痛苦远远大于获得所带来的快乐，即具有损失厌恶心理。也有学者将前景理论总结为确定效应、反射效应、损失规避、迷恋小概率事件、参照理论五个基本理论。

前景理论是描述性范式的一个决策模型，这个理论的假设之一是，每个人基于初始状况（参考点位置）的不同，对风险会有不同的态度（Kahneman & Tverskey，1979）。每个人在做决策之前内心都会有一个参考标准，通过对之后每个决定的结果的预估，将其余参照值进行比较，最后会得到一个差值。人们往往在不确定条件下做选择时，会依照这个差值来采取行动。可见，某一单一事件的结果本身并不能决定人们的决策选择行为。“预期未来”模型基于决策者对组织未来行为可能结果的判断，即管理者通过预测未来绩效，选择企业的战略变化程度。基于该模型，Kahneman 和 Tversky 认为，决策者会比较未来和现在的情况，判断是否获益或损失，决策者在可能获益的情况下变得保守，在可能损失的情况下变得冒险。March 和 Shapira（1992）将该模型从个人水平推广至组织水平。他们认为，管理者根据组织的历史绩效或行业平均绩效设定未来绩效的目标（Performance Target），同时根据对未来环境的认知表述判断未来的绩效预期水平（Performance Expectation）。当绩效预期低于绩效目标时，组织加强问题搜索，通过改变现状提高绩效；当绩效预期高于绩效目标时，组织倾向于维持现状，战略调整较小。

所谓确定效应（Certainty Effect），就是在确定的好处（收益）和“赌一把”之间，做一个抉择，多数人会选择确定的好处。用一个词形容就是“见好就收”，用一句话打比方就是“二鸟在林，不如一鸟在手”，正所谓落袋为安。现实是，多数人处于亏损状态时，会极不甘心，宁愿承受更大的风险来赌一把。也就是说，处于损失预期时，大多数人变得甘冒风险。卡尼曼和特韦斯基称为“反射效应”（Reflection Effect）。Chang 等（2010）运用前景理论对个人面对逃税时风险厌恶的假设进行验证。前景理论的第三个原理为“损失规避”（Loss Aversion）。由于在面临相同绝对值的收益和损失时表现出的不对称性，个体往往会感知到更大程度的痛苦。这会影响人们所做的决策选择，具体表现为对损失的规避行为。Barberis 等（1999）的研究表明，投资者对风险资产的期望收益要求较高的原因是为了避免风险投资所带来的损失。也有研究表明，现实生活中人们宁愿放弃可能获利的投资，仅仅是为了进行损失规避。

在小概率事件面前人类对风险的态度是矛盾的，一个人可以是风险喜好者，同时又是风险厌恶者。但涉及小概率事件时，风险偏好又会发生离奇的转变。所以，人们并不是风险厌恶者，他们在认为合适的情况下非常乐意赌一把。归根结底，人们真正憎恨的是损失，而不是风险。Fehrduda 等（2010）的研究指出，在收益区域面对大概率时以及在损失区域面对中小概率时女性都表现出更大程度的风险规避。所谓的损失和获得，一定是相对于参照点而言的。卡尼曼称为“参照依赖”（Reference Dependence）。简言之，人在面临获利时，不愿冒风险；而在面临损失时，人人都成了冒险家。损失和获利是相对于参照点而言的，改变评价事物时的参照点，就会改变对风险的态度。

三、联盟组合的绩效影响

（一）联盟组合的维度特征

联盟组合配置是一个复杂的概念，本书从以下三个维度展开论述：①结构维度，由联盟组合的规模、宽度、密度和冗余度等特点所决定；②关系维度，由联盟中个体联盟的关系强度等特点构成；③伙伴维度，关注某一类与伙伴相关的特点，如联盟伙伴的声誉、质量、资源贡献和国际化程度。三个维度分别跨越不同的分析层次，增加了联盟组合配置概念的复杂程度。联盟组合的结构特征是在联盟组合的分析层次（网络层次），关系维度则是在个体联盟的分析层次（二元层次），伙伴维度则是在伙伴企业的分析层次（个体层次），从宏观到中观，再到微观，层层细化。

焦点企业联盟组合的配置本质上决定：①焦点企业可以获得的信息和资源的数量、质量和多样性；②获得网络资源的效率；③焦点企业在组织间的位置的弹性和稳定性。研究者从多个视角来处理联盟组合配置问题，并提出了大量的研究问题（彭伟和符正平，2011；徐建中和武建龙，2013；江积海和刘风，2013）。一些已有研究主要是在概念上更新已有框架，旨在更好地理解某些配置相关的问题，关于这一问题的实证研究被分为两个不同方面：①将联盟组合的某一配置维度与绩效相关的结果变量联系在一起，例如"联盟组合会影响绩效吗?"②探索一些与绩效或后果无关的研究配置问题。现有研究主要是从静态视角出发，仅有少量的最近的研究从纵向的动态的视角来探讨企业随着时间配置联盟组合带来的改变。

1. 结构特征

基于结构嵌入性，学者们主要探讨了联盟组合中焦点企业的网络位置、网络密度、多样性、规模等结构特征。

Koka 和 Prescott（2008）从联盟组合网络位置的视角区分了焦点企业在其联盟组合中的两种不同网络位置：显著型位置与创业型位置。不同位置的焦点企业拥有联盟伙伴的数量、伙伴的技术多样性、国别多样性等会不尽相同。结构洞或高地位会在不同情境下为焦点企业从联盟组合中获取利益和资源提供有利的位置条件。

从联盟组合网络密度和个体联盟间连接强度的视角，Padula（2008）将其划分为紧密型联盟组合和松散型联盟组合。紧密型联盟组合（Densely Connected Alliance Portfolio）基本上由强关系构成，而松散型联盟组合（Loosely Connected Alliance Portfolio）则主要由弱关系构成。通过对非冗余资源的获取和对伙伴企业的控制来获得结构洞位置所带来的桥梁优势（Burt，2001）。因此，弱连带关系有助于焦点企业进行非本地的搜索（Sidhu，2007），开发更多的专利（Baum et al.，2000），加速企业的研发速度（Hansen，1999），对企业创新和利润累积有正向作用。然而，由于联盟伙伴间较低的交流程度、信任程度与合作意愿（Shipilov，2009），协调和控制成本增加，因此，松散的联盟组合结构未能促进焦点企业对联盟组合有效地治理与管理。

联盟组合的规模也是结构特征之一。联盟组合的规模重要吗？许多文献中关于联盟组合配置问题的重要争论都集中在联盟组合规模是如何影响企业从其联盟组合中得到的收益。学者们在这类问题的研究中引用了大量的理论视角，例如企业的资源观、社会网络理论、基础经济理论。除了被引用的理论，大量的研究将联盟组合的规模概念化为一个计量变量，通过衡量在一个给定的时间段内焦点企业的联盟数量。

第一类研究总结了规模问题，并表明联盟组合规模的确在解释企业间绩效差异时很重要。这些研究大多关注生物创业企业和技术绩效，如创新产出率，或者新的产品发展。在这一领域的研究发现联盟组合规模和绩效之间关系的不同种类。一些学者认为越多越好，另一些认为过大的规模并没必要。Shan 等（1994）认为，一个新创企业与大企业合作关系越多，会对其创新产出有正向的线性作用。Deeds 和 Rothaermel（2003）则认为，在生物创业企业中联盟的数量与新产品发展率是非线性的。尽管线性关系表明企业可以从每一个新增联盟中获得同样的收益，但是第二类研究表明实际并不是这样的，一旦企业的联盟组合规模超过一定阶段，它获得的边际收益就会递减。然而，正如这两个研究都是关注生物新创企业，结果的普适性也是有限的。

联盟组合的规模与企业从联盟组合带来的效益之间的关系甚至更加复杂，因为第二类研究发现规模本身并不重要，因为它是由其他因素增加其重要性。和已有研究发现相反，一些学者发现规模本身对于绩效并不重要。为了充分了解联盟组合规模对绩效的影响，其他配置因素例如联盟组合广度、效率、联盟伙伴质量需要被考虑进来，或许会成为比规模更重要的影响因素，可以解释企业从联盟组合中获得的效益。联盟组合具有较小规模，但是具有较广的宽度、有效的配置和高质量的伙伴实际上比拥有大量联盟，但只提供类似的伙伴，带来冗余的资源、信息和能力会带来更加多的效益和成本的有效性。然而，联盟组合的宽度并不像联盟组合规模那么重要，但是在某种程度上与企业的联盟伙伴相联系。考虑到联盟组合宽度和联盟组合效率之间的关系，它看起来有少量直接联系但有大量非直接联系的联盟组合可能更有效地利用规模优势，而不是仅仅承受与大量直接联系的联盟组合的成本。总之，有更宽的联盟组合的企业更可能有更好的机会去获得额外的资源、知识和信息，从已有的和潜在的伙伴中获取，也更能清晰地看到寻求伙伴的机会。

正如之前所述，为了更全面地了解规模与绩效的关系，我们必须考虑联盟组合配置的效率问题，例如在联盟伙伴之间的冗余度。一个有效的联盟组合可以比规模带来的效益更重要。在对加拿大生物企业的研究中，Baum 等（2000）发现，新创企业最初的绩效不仅仅随着规模而增长，也会随着联盟组合的效率而增长，因为有效的组合会提供更加多样性的信息和能力。第三个重要的因素会对理解规模—绩效产生重要作用的是企业联盟组合的伙伴的质量。研究者表明，联盟组合的优势实际上并不是完全由规模决定，也有一些由其他特征和伙伴企业的质量所决定。焦点企业联盟伙伴的作用会在后面讨论。

综上所述，研究者强调联盟组合规模问题已经开始增加，已有研究的普适性是有限的。因为已有研究关注少量的产业，经常集中于某一特殊类型的企业，如新创企业、创业企业。大多数已有研究会将联盟组合的规模和绩效产出变量联系在一起，联盟组合规模如何影响绩效的结论并无定论。一些研究提出直接线性的效果，其他学者得出非线性效果，或甚至认为在直接联系数量和非直接联系数量的调节作用。关于规模和绩效的关系，Ahuja（2000）认为，直接联系的数量对绩效产生积极影响，直接联系的数量也会调节非直接联系和创新产出的作用关系。而且，看起来其他配置因素在预测绩效的过程中比单独考虑规模因素显得更加重要。另外，大多数学者仅关注单维度视角研究和探讨联盟组合规模，他们主要是关注联盟数量，但是忽略了另一个重要的维度——联盟组合中联盟伙伴的数量问题。

2. 关系特征

基于关系嵌入性视角，Granovetter（1973）将网络关系强度分为强关系和弱关系。强关系意味着行动者之间具有高度的信任、互惠和社会资本（Gulati，1995），并且它们彼此之间的互动更为紧密和长久（Uzzi，1997），有助于复杂知识和隐性知识的传递（Moran，2005）。弱关系是指行动者之间不深入、不经常、不规律的联系，但往往蕴含着异质性信息和资源。Granovetter（1973）在经典的网络关系强度研究的基础上，提出两种新的网络关系，即潜在联系（Potential Ties）和隐性联系（Latent Ties）。Mariotti 和 Delbridge（2012）对四类关系的特征进行了对比，如表 2－10 所示。

表 2－10 关系的种类

	强关系	弱关系	潜关系	隐关系
社会关系	特殊的	普遍的	目前普遍的	特殊的但目前休眠
关系导向和治理	互惠、信任、规范	自利、契约	共同利益、目前为契约	递延的互惠
互动的频率	高	不一定	低	下降，有可能至无
关系的长度	长期	不一定	短期	长期

资料来源：Mariotti 和 Dellibgidge（2012）。

学者们对强弱关系的界定做了大量的理论和实证研究。根据 Capaldo（2007）提出的强弱关系的测量，关系强度可以通过时间维度、资源维度和社会维度来定义，具体通过关系的持续时间、合作频率以及焦点企业与其伙伴的合作强度来衡量。尽管关系强度是一个点对分析层次的概念，但它被大量文献运用到联盟组合的配置中。从联盟组合的视角，个体联盟的关系强度和企业从联盟组合中获得的利益需要通过引入其他因素才能被完全理解。Rowley 等（2000）发现，两者之间的关系会因为联盟组合的关系密度，以及探索和利用所需的外部环境而有所改变。然而，联盟组合中的强关系也会成为一把“双刃剑”。一方面，强联系的联盟组合如果基于信任会影响焦点企业的创新能力、知识强度和通过联盟伙伴的社会发展而不断加强。另一方面，它们会负向影响焦点企业创新能力，通过使其同时陷入一种循环，与新的伙伴合作合同逐渐减少，弹性逐渐降低，不断降低对新市场的回应，导致小的、同质的、闭合的网络产生。而且，在联盟组合层次企业经常使用大量结构洞来构建弱关系和强关系来加强它们联盟的双面性来加强联盟绩效。企业通过弱关系的构建可以获得更丰富的资源和异质性信息与知识，其联盟组合的多样性得以增加，有利于探索式创新。与此同时，企业通过构建弱关系来占据结构洞位置，促进其对资源和信息的进一步控制，利用“弱关系的优势”（Granovetter，1973）来提升企业的创新绩效和财务绩效（Rowley et al.，2000）。

3. 伙伴特征

拥有正确的伙伴对联盟成功至关重要。联盟组合配置的重要方面之一是与焦点企业相连接的联盟伙伴。大量研究分析联盟伙伴在企业从联盟组合获得的效益起到的作用。伙伴层次的属性包含声誉、质量、资源贡献和国际化程度。

联盟组合的多样化程度可以通过合作伙伴所属国别以及所属行业类别来衡量，Goerzen 和 Beamish（2005）在研究跨国公司联盟组合时对伙伴多样化程度也采用此界定方法。另一种是通过联盟组合的效率来界定合作伙伴的多样化程度，Baum 等（2000）研究发现，焦点企业可以从不同类型的合作伙伴处获得更多的异质性信息，从而使其获取网络资源的效率得以提高。从新创企业角度来看，与已有联盟伙伴的熟悉程度可以提供大量的好处，如可以获得有价值的资源，从伙伴的声誉中获得溢出效应。

因为没有某一个企业可以获得长期成功，以及发展和生存所需的所有战略上的重要资源，联盟组合可以成为一种从伙伴企业中获取、交换、内部化有价值的资源的有效手段。因此，观察联盟伙伴从获取资源和能力的视角可以揭示关于企业的联盟伙伴对其从联盟组合中获取的利益所起到的作用的新观点。扩展的文献从资源基础观和能力方法两个不同的视角来观察联盟伙伴的作用。第一，观察伙伴的资源和能力禀赋。第二，观察单独联盟，关注伙伴企业相对于焦点企业具有的资源和能力。通过从一个伙伴企业的视角，Stuart 等（1999）提出在创业企业中，企业从联盟组合获得的利益大多数是由伙伴企业的技术创新能力和收益决定的。新创企业和高质量的伙伴企业合作可以提高焦点企业的声誉。从一个不同的视角关注伙伴对联盟中的焦点企业的资源，Lavie 和 Miller（2008）提出，伙伴对焦点企业层次上的价值提升的资源贡献。他认为，焦点企业的伙伴对其价值提升的资源贡献因那些资源的互补性而变化，伙伴企业相对的议价能力限制了焦点企业的应用能力。进一步地，Baum 等（2000）也强调焦点企业联盟伙伴多样性的重要性，表明少量多样化的伙伴也会以相对比较低的成本产生比大量相似的伙伴更多样化的资源、信息和能力。

（二）联盟组合与企业绩效

构建联盟组合能给企业带来诸多好处，那么联盟组合与企业绩效的关系到底如何呢？联盟组合对企业绩效的影响路径到底怎么样？许多学者采用实证研究方法对企业联盟组合配置特征与企业绩效、创新绩效、联盟绩效等绩效变量的关系进行了大量研究（刘雪梅，2012；徐二明和徐凯，2012）。但是，已有的实证研究尚未得到一致的结论，甚至互相矛盾。

1. 联盟组合结构维度与绩效之间的关系

虽然也有学者（Zaheer & Bell，2005）研究发现，企业占据结构洞越多，绩效就越好，但 Ahuja（2000）的研究结果却表明结构洞的丰富程度对企业创新绩效产生负向影响。Rowley 等（2000）研究发现，企业所处的行业环境会影响联盟组合网络密度与绩效之间的关系：当企业所处的行业环境要求企业大量投资于开发活动时，企业联盟组合的网络密度对绩效产生显著的正向影响；当企业所处的行业环境要求企业大量投资于探索活动时，企业联盟组合的网络密度对绩效则产生负向影响。

2. 联盟组合关系维度与绩效之间的关系

Capaldo（2007）研究发现，企业联盟组合中过多的强关系或弱关系会对企业的产品创新绩效产生负向影响，只有有效地整合强关系与弱关系，才有助于企业提升自己的创新能力，从而提升创新绩效。Tiwana（2008）的研究表明，联盟组合中的桥接关系有助于企业提升创新潜力，但不能提高企业的整合能力；而联盟组合中的强联系有利于企业提升整合能力，但难以提高企业的创新潜力。因此，桥接关系与强联系之间的有效组合有助于提升联盟双元绩效的提升。但也有研究者发现，联盟组合配置的关系特征对企业绩效的影响取决于特定的情境因素。例如，Rowley 等（2000）研究发现，在松散型网络中，联盟组合的强联系会对企业绩效产生较强的正向影响。

3. 联盟组合伙伴维度与绩效之间的关系

有学者逐渐关注联盟组合伙伴维度与企业绩效的关系，但研究结论相互矛盾，作用路径也尚不明确。Stuart 等（1999）、Gulati 和 Higgins（2003）、Lavie 等（2007）均通过研究发现，伙伴的地位对其企业绩效有正向影响。较高的行业地位有助于新创企业与行业内的领先企业建立合作关系，甚至会对 IPO 的顺利完成起重要的促进作用。另外，伙伴的资源禀赋和多样性等因素也会对新创企业的财务绩效和创新绩效产生积极作用。其作用方式是通过提升核心企业的议价能力、增加资源和利益的获取渠道、促进企业间的资源交换，进而带来创新绩效的提升（Baum et al.，2000）。但 Goerzen 和 Beamish（2005）却发现，企业联盟组合的伙伴多样性越高，财务绩效反而越差。针对以上研究结论不一致的问题，Koka 和 Prescott（2008）分析认为，联盟组合合作伙伴多样性对企业绩效的影响取决于外部环境的变化：当环境稳态变化时，联盟组合伙伴的国别和技术多样性会对企业绩效产生正向影响；如果环境发生剧变，联盟组合伙伴的国别和技术多样性反而会对企业绩效产生负向影响。

通过大量学者的研究发现，联盟组合有助于焦点企业集聚资源、降低合作风险、增强联盟组合性、扩大联盟范围。已有研究通过以上四个方面对联盟组合与企业绩效之间的关系做了细致且深入的考察（Uzzi，1997；Baum et al.，2000；George et al.，2001）。研究发现，联盟组合对企业财务绩效、创新绩效、股东价值都有显著的正向影响（詹也，2013）。

（三）权变理论的借鉴

1. 权变理论概述

权变作为一个独立的管理学派，其理论内容自然会涉及管理理论研究的各个方面。Donaldson（2001）对关于权变理论的研究做过详尽的综述。他分析了围绕三类问题的研究：①权变变量与组织结构的关系，如规模与结构之间的关系或技术与结构之间的关系（Blau & Schoenherr，1971；Child & Mansfield，1972；Van de Ven & Ferry，1980）；②权变变量如何影响组织结构，如战略改变导致怎样的结构变化，以及人物变化带来怎样的协调模式的改变等（Chandler，1962；Van de Ven et al.，1976）；③结构与环境的适应性如何影响绩效，如环境与组织特性是否越匹配，组织的绩效越高（Khandwalla，1974）。

组织结构是企业组织形式、机构设置和内部治理机制的综合。权变理论学派将组织视为开放的系统，故其对组织结构的研究是从内部决定因素和外部决定因素两方面展开的。下面对这两方面分别进行讨论。

（1）内部因素与组织结构。权变理论认为，内部因素是决定组织结构的关键因素。决定组织结构的内部因素主要有以下三个：

一是战略因素。战略与组织结构的关系是权变理论研究的重要领域之一。在这方面最具代表性的人物是Chandler。通过研究近100家美国最大的企业，Chandler（1962）发现，大型企业早期的发展由于生产能力和市场有限，更倾向于建立集中化的职能式组织结构；但随着这些公司增加生产线、收购上游企业、建立自己的产销系统等，形成了纵向一体化战略。这时，企业出现了协调各个生产环节的中心职能机构；此后，企业为了避免投资或经营风险，开始实行多样化经营战略。这时，企业开始采取以事业部制为主的组织结构。因此，他得出的结论是组织结构服从于战略，企业战略的改变会引起企业组织结构的变化。为了使管理更有效，当企业采用一个新的战略时，要求其组织结构也应随之改变。随后，Chandler 的研究被其他学者加以扩展，他们采用各种形式对战略进行分类，以检验不同形式的战略与组织之间的关系，如 Miles 等（1978）、Galbraith（1973）和 Porter（1980）等。

二是技术因素。Woodward 等（1965）、Perrow（1967）和 Thompson（1967）都讨论了技术对组织结构的影响。尽管他们分别用不同的方式来定义和计量技术因素，但是这些不同的分类可以概括为常规和非常规技术。在这些研究中，Woodward 的研究具有先创性和代表性。她在调查研究的基础上，于 1965 年出版了《工业组织：理论和实践》一书，对企业进行了分类研究。具体来说，她根据生产系统的工艺复杂程度和其他目标，将企业划分为三种类型：第一种是单件小批量生产；第二种是大批量生产；第三种是长期的流水作业生产。根据这三类型，她研究了“管理层次、管理幅度、管理人员同其他人员的比例等”等重要的组织结构特征，其重要结论是：第二种类型的企业更多地采用参谋式的管理体制，组织系统更倾向于机械式结构。而第一种和第三种类型的企业较为灵活，组织系统更倾向于采用有机式的结构。

三是规模因素。英国管理学家 Hickson 等（1969）研究表明，企业规模与社会控制和决策频率存在相关关系，进而对企业的组织结构产生影响。可见，规模是企业组织结构的重要影响因素。他们认为，组织结构的发展同企业规模的大小、工艺技术的整体化以及企业对其他单位的依赖程度有关。另外，Child 和 Mansfield（1972）的研究发现，规模较大的组织专业化程度更高、规章制度更多、分类更细、层级延伸得更多，决策的制定更为分散化。

（2）外部环境与组织结构。如前文所述，外部环境变量是影响管理活动的重要变量。因而，从外部环境的角度研究，组织结构的决定问题是权变理论极其重要的方面。在实际研究中，研究者用外部环境的不确定性作为自变量来研究组织结构的决定问题。Burns 和 Stalker（1961）、Emery 和

Trist（1965）、Lawrence 和 Lorsch（1967）都研究了外部环境的不确定程度与组织结构的关系。他们认为，组织结构必须与环境的不确定程度相适应；不同的组织类型都有适当的关系模式，当环境的不确定程度增加时，组织结构的复杂程度就会提高，程序化程度就会相应降低，同时集中化程度也会相应降低，在高度不确定情况下经营的企业更倾向于采用有机的或灵活的组织结构，反之亦然。以往的组织网络研究中缺乏对外部环境的关注，权变理论拓宽了组织网络的研究范围。通过对权变因素的考量，企业决策者的管理观念和行为选择有了更全面的指导（唐旭东，1987）。

在这方面最有影响和影响时间最长的观点是出自 Burns 和 Stalke（1961）的《创新管理》一书。他们在对苏格兰国防电子工业的研究中，第一个系统地检验了环境的不确定对组织结构的影响。他们假定在稳定与不稳定两个极端情况下考虑不确定性对组织结构的影响，并用两个理想的组织形式——机械式组织和有机式组织——作为对不确定性程度低或高的有效反应的参照；指出了这两种组织类型所对应的环境稳定程度，以及由此决定的管理层级、管理幅度、管理职能以及信息沟通方式等结构特性与效率。后来的学者在相关的研究中都广泛地引用和延续了他们的观点。其研究结果可用表 2－11 概括说明。

表 2－11　环境条件与企业组织结构的特性

机械结构	有机结构
适用于环境稳定条件	适用于环境多变的条件
工作强调攻读专业化与分工	工作强调相互联系与协作
任务清楚，责任明确	任务依所面临的问题而变化，责任根据任务变化来界定
权力分配和行使按层次结构安排	权力分配和行使按网络结构安排
信息传递按层级进行	信息传递按网络进行
严格实施各种规章制度	少数规章制度常被忽略

续表

机械结构	有机结构
对任务的了解、规划与控制集中在权力体系的最上层	对任务的了解、规划和控制集中在网络中做出决策的部门
管理沟通是垂直的	除垂直沟通外，还有水平沟通，并强调信息共享

资料来源：［美］R. S. 卡普兰．高级管理会计［M］．吕长江译．大连：东北财经大学出版社，1999.

2. 社会网络理论中权变关系的相关研究

社会网络理论的最新发展表明，特定环境下的伙伴选择行为取决于企业和环境的特性，但是很少有研究去证实这一点（Li et al.，2008）。Gulati 和 Higgins（2003）也认为，尽管研究者和实践者们都认为企业战略对联盟网络伙伴选择是重要的，但却很少考察它们的权变效应。正如 Powell 等（1996）所说，“更难和更有兴趣的问题是关系和网络怎样发挥作用，在什么环境下、在多大程度上以及以哪种方式”。本节正是致力于这一研究空白点，集中在一个更加重要和微妙的问题上：在何种情况下，企业内在动机——追求更高的绩效战略目标对于企业做出更明智的联盟伙伴选择更有利？本书拟引入环境特征性变量来考察不同情境下企业绩效预期对联盟伙伴选择的影响路径。

权变理论认为，企业绩效是组织结构和环境特性间相匹配的函数，这一观点在组织间层面得到延伸，目前，主要有两种类型的调节变量引入企业网络与组织绩效关系的模型中，即环境层面和组织层面的调节变量。长期以来，环境被看作组织理论和战略管理中的关键调节变量。在环境测量方面，很多学者都广泛采用 Dess 和 Beard（1984）提出的环境动态性这一维度。当前企业网络研究中环境层面主要包括环境动态性、竞争强度和行业特征三个调节变量。

部分有影响和代表的实证研究如表 2－12 所示。

表 2-12 企业网络与绩效关系引入调节变量的代表研究

研究者	环境调节变量		
	环境动态性	竞争强度	行业特征
Gulati 和 Higgins (2003)	√		
Rowley 等 (2000)	√		√
Ang (2008)	√	√	
Koka 等 (2008)	√		
Li 等 (2008)	√	√	

注：√表示在该研究中引入了对应的调节变量。

资料来源：根据相关参考文献整理。

3. 环境动态性对企业绩效预期与联盟伙伴选择的调节效应

正如前文所述，外部环境成为解释企业构建联盟伙伴选择行为的重要因素之一。一方面，企业经常构建和利用它的联盟伙伴选择作为与竞争性的环境共同演化的机制来改变竞争的本质（Lorenzoni & Lipparini，1999）。另一方面，企业的联盟伙伴选择行为也会被竞争性的环境改变，因此，联盟组合也可以看作行业层次竞争动态性复杂过程的结果，企业通过进入攻击型联盟和防守型联盟不断构建自己的联盟组合（Gimeno，2004）。

环境动态性对联盟伙伴选择行为的影响近几年才受到一些学者的关注。Koka 等（2008）认为，联盟网络是关于两种固定化的结构设计选择——显著型和创业型所做出的战略选择。研究证明了每种联盟网络的绩效收益是随着环境的改变和战略的改变而不同的。钢铁行业的环境改变使创业型联盟网络绩效更好，显著性网络绩效下降。然而，当环境剧烈变化时，两种类型的联盟网络都与绩效呈负相关。我们认为剧烈的改变下，行业联盟网络不会掌握应对快速有效的战略回应所需的必要信息。追求战略分析的企业当强调显著型联盟网络，较少强调创业型联盟网络时绩效会更好。

Sidhu 等（2007）将探索和利用划分为本地和非本地搜索的三个维度——供给、需求和地理空间。他们认为供给、需求、空间探索和利用的价值是随着环境而改变的。尽管供给增加的搜索被发现与创新正相关，但在更加动态的环境下，技术演化的创业制度阶段，这种探索会不利于稳定环境下的创新。相反，尽管需求边界增加的搜索被发现更适合较稳定的环境，但它不利于较高动态环境的绩效。有趣的是，空间边界增加的搜索看起来对较高动态性和较低动态性的环境都有贡献。

Hoffmann（2007）通过纵向案例研究构建了联盟组合演化框架，研究明确了联盟组合在业务层面战略的不同类型，说明它们是如何与业务战略和业务环境相互作用的。Hoffmann 还解释了联盟组合的发展路径和演化类型。发展进程是从适应型到塑造型，再到稳定利用型演化的，根据战略确定性的状态和企业的资源禀赋。外在战略不确定性的突然增加会导致企业战略转回探索式战略或混合战略。

尽管已有学者对环境动态性与联盟伙伴选择行为之间的关系进行了研究，但环境动态性具体的作用机制并不清晰，未指明环境动态性通过影响联盟伙伴选择行为的哪些方面最终影响联盟组合的形成。另外，已有研究缺少通过大样本实证研究来探索环境动态性对联盟伙伴选择行为的影响机制，其研究结论缺乏普适性。

因此，本书从权变视角出发，结合社会网络理论、组织学习理论和资源依赖理论，综合分析影响企业联盟伙伴选择的内外部影响因素，以及各个因素的作用机制。

四、理论评述

上述成果为进一步研究企业联盟组合的前因及绩效影响奠定了良好的基础。但现有的相关研究在下列方面有待进一步展开和深化：①在联盟组合的成因研究中，仅仅有少量实证研究明确前因并解释企业为什么构建和维系联盟组合，缺乏对联盟组合形成机制的深入探究。只有深刻了解联盟组合的具体影响因素和作用机制，企业才更加明确如何构建高绩效联盟组合。②大量学者仅对联盟组合配置特征的单一维度进行研究，且维度的测量标准并不完善，例如，联盟组合结构特征中规模维度的测量存在一定的局限性，联盟组合规模经常被用来衡量焦点企业联盟数量，并未考虑联盟伙伴数量。现有文献中缺乏综合考虑联盟网络特征和伙伴特征的联盟组合配置特征研究。③现有研究在解释联盟组合配置的驱动因素时忽略对其影响路径的深入挖掘，缺乏对不同情境下联盟组合与企业绩效的关系分析，使得联盟组合的绩效影响路径较为模糊。④研究方法方面，现有研究缺乏通过大样本的实证分析方法讨论联盟组合配置的前因和绩效影响研究，有关联盟组合构型特征影响因素的现有文献也仅局限于案例研究，使得其研究结论缺乏普适性。由于联盟组合的形成和演化是一个动态过程，未来研究应该运用纵向案例研究和大样本实证研究相结合的方法来探究不同情境下联盟组合的形成机理和影响机制，以期得到更加具有普适性的研究结论。

针对传统研究视角和方法的局限性，本书在理论上期望进行以下有益的拓展：①本书从社会网络理论中后结构主义视角出发，强调网络中行为者的主体能动性，弥补已有研究只关注网络嵌入性的不足。同时引入前景理论，通过对企业战略、环境动态性和网络嵌入性影响伙伴选择行为，最终影响高绩效联盟组合的动态演化过程进行纵向多案例分析，有助于深入理解企业高绩效联盟组合形成机理和影响路径，也为呈现焦点企业主体能动性作用提供了一个动态、细致的逻辑分析框架。②厘清联盟组合配置特征的概念，开发跨层次的维度划分标准，基于社会网络理论，本书从联盟组合主体和主体间关系不同层次对联盟组合特征进行维度划分。从定性和定量两方面对联盟组合配置特征进行概念界定，改变了现有对联盟组合配置特征只关注单一维度的衡量，由此，完善和深化了联盟组合的理论研究，为后续研究提供了参照依据。③本书引入权变理论，改变现有研究只关注单一影响因素对联盟组合形成过程的作用，通过从内部影响因素（企业战略）和外部影响因素（环境动态性）两方面综合分析，探讨了内外部因素如何通过影响企业伙伴选择行为最终影响联盟组合的配置，拓展了现有联盟组合前因研究的研究范畴，更有利于理解企业联盟组合的形成机制。④本书通过大样本实证分析方法，深入剖析联盟组合的形成机制和联盟组合配置特征对企业绩效的作用机制，逐一分析联盟组合各个层次维度特征与企业绩效的关系，旨在拟合更加完善的高绩效联盟组合的综合配置特征，为理解联盟组合配置研究提供一个更全面、更细致的研究框架。

第三章 逻辑框架与概念模型

根据第二章的文献梳理，我们知道理解联盟组合网络的形成机制对如何更好地构建高绩效联盟组合至关重要，也逐渐被越来越多的学者重视。然而，对于联盟组合网络的前因研究，社会网络理论研究者往往缺乏对网络如何形成以及影响网络形成具体因素的系统分析。一些学者仅从外部因素如环境动态性来分析其对联盟组合的影响，另一些学者仅从内部因素如企业战略、联盟战略等，分析其对联盟组合形成过程的作用，且两种分析均缺乏对影响机制的深入探究。本书不仅同时考虑内外部驱动因素对联盟组合形成的影响，还揭示联盟组合的形成实质上是企业受内、外部因素驱动采取不同的联盟伙伴选择行为，最终形成不同维度特征的高绩效联盟组合。

本书以企业绩效预期与高绩效联盟组合的关联性为逻辑起点，然而现有研究较为分散，缺乏系统性。对于企业绩效预期与高绩效联盟组合的关系还没有得出一致结论，学者们试图从不同的视角来解释联盟组合的形成及绩效影响。但相关研究较为零散，而将企业内部与外部因素相结合探究企业如何通过联盟组合伙伴选择、形成高绩效联盟组合的内在机制几乎是空白。对于整个过程的内在机制之所以缺乏系统性的、统一的结论，本书认为原因是研究者并未全面地厘清联盟组合的维度特征。

在以往的研究中，大多数社会网络理论过多地强调网络同质性，认为网络中各个行为主体是同质的，忽略了行为主体的属性。他们仅仅关注联盟组合的结构特征和关系特征，这两个维度特征实质上都是在描述联盟组合主体间的特征，而忽略对联盟组合主体——伙伴维度的关注。一些研究者仅仅从网络嵌入视角关注联盟组合的结构维度和关系维度，过多地聚焦在联盟组合主体间关系研究，而忽略对联盟组合主体本身的细致分析。然而，网络的异质性对研究网络形成和演化至关重要，也逐渐被越来越多的学者关注。网络异质性关注的是网络各个节点本身，关注的是网络内的行为主体，强调的是主体间的异质性。只有结合联盟组合主体本身的影响因素及行程机制，才能更全面地理解联盟组合网络的形成过程。同样地，对于联盟组合的绩效影响也应该按照不同维度，结合内外部因素权变地考虑分析其对企业绩效的不同影响。因此，本书从联盟组合主体，即伙伴维度和主体间关系、结构和关系维度两个方面来深入剖析联盟组合的配置特征，分析其形成机制以及绩效影响。研究理论是由概念和变量组合的一个系统，利用命题表达出概念之间的关系，利用假设表达出变量之间的关系。一个假设即使得到验证，如果缺乏内在逻辑也难以在理论上有所贡献。因此，本书认为在理论框架构建之前有必要对绩效预期与联盟组合以及动态环境下联盟组合与企业绩效的逻辑关系先行论述，以便为后文假设提出和定量、定性研究奠定坚实的理论基础。

一、社会网络两种研究范式

（一）结构主义：网络嵌入性

网络嵌入性（Network Embeddedness）是研究企业网络的重要工具（Uzzi，1997）。原有理论研究注重联盟网络演化的决定性视角，认为企业网络是决定相互依赖关系的外生性因素、嵌入性关系的路径依赖理论。大量研究成果表明，缘于企业相互间的嵌入性关系，企业更容易与现有网络中有关联的企业形成新的联系（Gulati，1995；Walker et al.，1997；Chung et al.，2000；Li & Rowley，2002）。该逻辑依照网络嵌入性能减轻新伙伴进入的风险和不稳定性，借助于有价值的信息，即可形成新的连接（Podolny，1994）。最终，这些信息有助于焦点企业把控新的关系机遇，进一步提升与现有或潜在伙伴的信任程度（Gulati，1995）。

也可这样理解，较多的网络演化研究成果聚焦于伙伴选择和网络稳定性机制中的惰性（Chung et al.，2000；Li & Rowley，2002）。以网络惰性角度来看，关系实际上是嫁接于原有熟悉、良好的基础，才促使网络演化愈为复制性、依赖性及相对稳定性（Kim et al.，2006）。但是，网络惰性角度存在一个自我验证的缺陷，即网络是经常变化的。对此，可将持续的网络改变理解为需要一个伙伴选择理论，以获取已有网络演化中被大多数认同的动力。

就像奇达夫、蔡文彬在《社会网络与组织》一书中所述，“受涂尔干社会学的启发，一些研究者一直声明他们坚持的结构主义立场，否认个体在集体结构的创立和维系过程中有任何能动作用……激进的结构主义者甚至指出，尽管个体不断地从事某种活动（比如说一种语言），但他们中却没有一个人能称得上是帮助构建其行动嵌入其中的结构”“这些人主张，语言如同其他社会机构一样，是作为一个超个体的制度而相对独立于任何单个个体的动机和属性存在的。从这一立场出发，结构主义者常常无视这样一种可能性：行动者的属性、认知或个性可能会塑造他们嵌入其中的社会网络”。对此，网络理论是在承续结构主义的传统，促使目前研究更聚焦在简化网络模型而比较少关注其动因，其研究核心在于关系的连接，在某种程度上忽略网络构成的行动者及其主体性。

（二）后结构主义：个体能动性

个体能动性（Agency）是指行动者塑造关系的动机和能力，通过创造有利连接，断开不利连接来塑造对其有利的网络结构构建关系的能力（Ahuja et al.，2012）。网络动态性的分析应该包括一类新的因素，就是行动者的主体性。正如 Emirbayer 和 Mische（1998）所指出的，网络是行动者主体性的结果，行动者的行动总是伴随他们对过去状态的记忆和对未来状态的期望。实际上，在之前的研究中，主体性被视为理应存在的，企业受机会驱动会选择风险规避。相反，在真实的世界中，主体性是因本质不同而异质的，因此，对于我们理解网络演化十分必要。正如 Emirbayer 和 Mische（1998）所提出的，网络作为人类主体性的结果，承载着成员对过去状态的记忆认知，也包括对他们未来状态的期许。因此，他们之间的行动者和相互依赖对于整体网络结构十分重要（Parkhe et al.，2006）。

进入 21 世纪以来，随着组织网络研究获得学界的极大认可，部分学者逐渐将视线转移至网络的起源及动态变化方面。从网络起源的微观视角来看，网络是来自个人在选择伙伴的行为，而伙伴选择的研究则为其动态网络的研究提供基础。对此，目前研究也就从资源依赖和网络嵌入性视角提供理论上的支持。部分研究表明，网络关系来自相互依赖的个体（涉及个体组织）之间的伙伴选择（Powell et al.，1996），而且上述关系会在嵌入的个体间逐步累积，个体更会选择与之有直接或间接关系的伙伴（Gulati，1995），最后的结果表明，最初资源条件和连接情况决定之后网络演化的结果（Gulati & Gargiulo，1999），并呈现出惯性和稳定的特性。上述研究成果虽然确认部分个体伙伴选择的决定观点，也认识到网络演化的某些重要特征，但上述研究成果难以回答陌生人之间是如何建立关系的，网络为何会有剧烈震荡。

除了在资源依赖和网络嵌入等被大家认可的网络驱动要素外，需增加新的要素以剖析网络动态性，该要素是行动者的主体性（Agency）。主体性旨在阐明行动者塑造关系的动机和能力，借助创造有利连接或者断开不利的关系来搭建有利的网络结构（Ahuja et al.，2012）。就像 Emirbayer 和 Mische（1998）认为，网络是行动者主体性的结果，行动者的行动是基于对过去状态的意识和对未来状态的设想。为此，行动者的主体性和相互依赖关系共同决定网络整体的结构（Kilduff et al.，2006）。

实际上，在网络后果的研究中，结构主义已经被撕开一个裂缝。在对组织背景下的个人友谊网络与绩效之间关系的研究中，Kilduff 和 Krackhardt（1994）发现，别人认知的与网络中心节点的友谊不是真实存在于网络中心节点的友谊，对个人的工作绩效具有正向的影响，这表明个体认知在网络中的重要作用。总之，网络动态性的研究从关系形成（Tie Formation）、伙伴选择（Partner Selection）等网络化过程分析网络的涌现现象（自组织过程中新结构、新属性的出现），对网络演化给出了一个整体的同时又是多层次的分析思路，为从微观企业层面展开集群创新的研究奠定了坚实的基础。行动者的主体性这一重要因素的加入使网络动态性的研究突破结构主义的藩篱，为拓展和完善网络理论提供了新的方向。

二、联盟组合的形成、绩效影响与演化分析框架

（一）联盟组合的形成机制

进入 20 世纪 90 年代以来，组织与管理领域中网络理论的快速兴起，组织网络的相关概念如网络连带（Network Ties）、社会资本（Social Capital）、企业间联盟（Interfirm Alliances）、知识传递网络（Knowledge Transfer Networks）等逐渐成为主流学术期刊的热议话题。总体上，针对组织网络的研究获得较大的成功，然而我们在梳理已有文献资料基础上发现，网络研究者更多关注的是对网络后果的研究，大量研究成果测度了网络对组织行为和绩效的影响，出现了如弱连接理论、社会资本理论、结构洞理论等影响深远的理论（姜翰，2009；毛基业和李晓燕，2010），而在网络前因方面较为不足。为此，部分评论者指出，过多聚焦在解释网络属性对绩效影响、缺乏网络动态过程的分析约束网络理论更大深度的发展（Parkhe et al.，2006；Kilduff et al.，2006；Galaskiewicz，2007）。

组织网络研究聚焦于后果分析，是源于以下方面：一是组织网络研究属于较新的研究领域，对此，其研究首先要有合法性支持，而要得到其支持的最好策略在于展现网络变量对传统领域关注的重要后果变量的影响，(Borgatti & Foster，2003)。二是继承结构主义。从结构主义维度出发，网络被认为是稳定的行为者的外部环境，旨在为个体行为提供机会或限制(Mayhew，1980)。对于网络前因的研究，则更关注行为者的属性（如人口统计学特征、心理特质、行为动机等），但因其与网络分析的结构主义传统相悖而饱受争议。三是网络前因研究涉及收集网络纵向数据，而网络纵向数据的收集成本会随着时间长度的增加而不断增加，在一定程度上加剧了前因研究的难度。

毋庸置疑的是，网络前因研究确实很重要（姜翰和金占明，2008；刘风，2014)。不同的网络结构和位置会对嵌入在网络中的行为者有不同的优势或约束，那么，对于人们理解网络结构的动态演化，既有利于预知来自网络的利弊变化，也有利于理解以网络为基础的优势如何得以持续。例如，结构洞理论阐述个体中心网络中行为者的中介优势（Burt，1992)，但是网络动态性的研究成果认为网络中其他参与者会有意识地阻止结构洞形成（Buskens & Van de Rijt，2008)，使结构洞难以持续发挥优势（Soda et al.，2004)。也可以认为，静态视角的研究成果尽管验证了网络稳定的价值，但网络动态性的研究则通过质疑网络位置、网络结构的可持续性而对静态的网络研究提出了挑战。

因此，除了资源依赖和网络嵌入性的网络驱动因素外，网络动态性的分析应该包括一类新的因素，就是行动者的主体性。主体性是指动力、行动者通过创造有利的连接，断开不利的连接来塑造网络结构构件关系的能力（Ahuja et al.，2012）。实际上，在之前的研究中，主体性被视为理应存在的，企业受机会驱动会选择风险规避。相反，在真实的世界中，主体性是因本质不同而异质的，因此，对于我们理解网络演化十分必要。正如Emirbayer 和 Mische（1998）所提出的，网络作为人类主体性的结果，承载着成员对过去状态的记忆认知，也包括对他们未来状态的期许。因此，他们之间的行动者和相互依赖对于整体网络结构十分重要（Parkhe et al.，2006）。

目前，有许多研究通过探究远距离关系形成来关注网络改变和与新进入者或者弱嵌入的企业的伙伴关系（Baum et al.，2005；Li et al.，2008）。结果让我们关注到在伙伴选择中行动者主体性的重要作用（Rosenkopf & Padula，2008；Ahuja et al.，2009）。关于远距离关系（Baum et al.，2005；Li et al.，2008）形成的研究发现企业动机（较高的绩效预期和更高的探索式创新目标）会导致企业选择陌生人而非朋友和熟人。相似地，对于新进入者的伙伴选择研究表明较高的嵌入性企业会选择新的进入者或较弱嵌入的企业来搜寻利益和更好的交易（Rosenkopf & Padula，2008；Ahuja et al.，2009）。

企业构建远距离伙伴关系同时与不相连的企业建立依存关系等行为可以体现企业为了实现其绩效预期而主动采取的战略行为（Ozcan & Eisenhardt，2009）。那么，企业的绩效预期是如何影响其战略行为的？企业不同的绩效预期会使其形成何种特征的联盟组合？本书从其战略行为的动机——绩效预期出发，分析绩效预期是如何促使企业采取主动的战略行为、构建优质的联盟组合。在分析联盟组合形成机制的过程中，不仅关注网络嵌入性的作用，更重要的是，应该关注不同的联盟绩效预期对其形成有效的联盟组合构建行为之间的关系。

（二）联盟组合的绩效影响

联盟组合的重要意义体现在企业通过构建优质的联盟组合，管理并充分利用其带来的优势，可以大幅度提高企业绩效（Ozcan & Eisenhardt，2009）。已有研究探讨了高绩效联盟组合的特征——同时具有强关系（能实现丰富、高效的交换）和弱关系（具有高灵活性和探索性）（Uzzi，1997；Rowley et al.，2000）。与优秀的、资源充足的、经验丰富的合作者的联盟组合有助于企业从关系中获益（Rothaermel，2001；Stuart et al.，1999）。建立嵌入在更为广泛的产业网络中心位置的联盟组合（Powell et al.，1996)，与多样化的合作者建立的联盟组合（Baum et al.，2000）同样能够提供信息、灵活性和资源优势，从而有助于提高企业绩效。

有关高绩效联盟组合的特征有几种不同的观点。一种观点关注构成联盟组合的个体关系的单一绩效，认为与优秀的、拥有合作经验且处于网络中心的战略伙伴的关系是有效的（Ahuja，2000；Baum et al.，2000；Gulati & Higgins，2003；Podolny & Stuart，1995；Stuart，2000)。这些合作者的特征有助于提高关系获利的可能性，如获得优质资源。一些研究还表明合作者之间的关系会影响联盟组合的有效性。当合作者之间有更高的信任、合作、沟通（Larson，1992）和协调（Mohr & Spekman，1994）时，他们能更好地在一起工作且从这种关系中获益。

研究还表明，联盟组合的特征如关系的数量和多样性对绩效有显著的正向影响（Baum et al.，2000；Dyer & Nobeoka，2000；Lavie，2007；Powell et al.，1996)。关系的数量越多、多样性程度越高，其价值就越高，原因在于这种关系能够创造多种信息来源，并能获取多种烈性的资源。比如，Baum 等（2000）发现，在联盟组合中与多元化合作企业建立关系的生物科技企业容易生存。合作者之间的关系同样会影响绩效。比如，Lavie (2007）发现，与具有竞争关系的多个合作伙伴建立关系能够提高焦点企业的讨价还价能力，从而改善焦点企业的绩效。相关研究还表明了强关系的局限性，即具有平衡关系强度的联盟组合是高绩效的，强关系有利于丰富而高效的交易，而弱关系具有灵活性，能提供新信息（Rowley et al.，2000)。比如，Uzzi（1997）发现，同时拥有强关系（有助于互相适应和获得丰富信息）和弱关系（有助于企业紧跟市场变化）的服装制造商更为成功。

网络研究也有关于高绩效联盟组合特征的相关成果。一个关键的发现是，企业越靠近网络中心位置，它就越容易获取资源和信息优势，由此可以提高其识别和赢得最佳合作伙伴的能力。这里的含义是，能让企业处于网络中心位置的联盟组合是高绩效的（Rowley et al.，2000)。按照这个理论逻辑，Powell 等（1996）发现，在生物技术行业中处于越中心位置的企业（较其他在联盟组合中拥有更中心的网络位置），越能获得更快的成长。Bae 和 Insead（2004）对这一发现进行了拓展，研究显示处于联盟组合中心地位的企业更容易从优秀的合作伙伴中获益，原因在于中心位置使企业能够获取更好的信息和关系灵活性，从而减小势力的不对称性。

实际上，从联盟组合的视角，联盟组合配置的关系特征对企业绩效的影响也取决于特定的情境因素。个体联盟的关系强度和企业从联盟组合中获得的利益需要通过引入其他因素才能被完全理解。Rowley 等（2000）的研究发现，两者之间的关系会因为联盟组合的关系密度以及探索和利用所需的外部环境而有所改变。只有在松散型网络中，联盟组合的强联系才会对企业绩效产生较强的正向影响。我们在强调企业主体能动性战略行为的同时，不应忽视外在环境因素对其的影响，只有综合全面地考虑其内在和外在的影响因素，才能更加透彻地分析联盟组合不同维度特征对企业绩效的内在影响机制。

总而言之，以往研究缺乏从联盟组合的多维度、多层次的综合特征对绩效的影响研究，并且忽略了情境因素对其绩效影响的作用关系。本书试图通过大样本实证分析联盟组合主体和主体间关系的多维度特征，对其绩效影响进行更为全面的探究。

（三）联盟组合的动态演化

从理论视角来看，联盟组合具有重要意义，原因在于企业通过构建联盟组合构建与其他企业的关系，联盟组合构建的内在逻辑对于理解关系形成至关重要。联盟组合的理论意义还在于它是网络演化的引擎，即网络并不能自我演化，而是企业通过调整自身的联盟组合使其所处的网络发生变化。

近年来，对行动者主体性的关注为网络动态性的研究提供了新的视角，并拓展了相关组织网络的研究范围。具体来说，行动者可以通过自身的动机、策略和能力来进行不同的伙伴选择行为，伙伴选择的动态过程也是联盟网络形成和演化的动态过程。联盟组合网络的动态演化过程不仅包括已有联盟伙伴的进入或退出所带来的整体联盟网络的变化过程，还包括最初联盟组合形成过程中联盟关系从无到有的动态过程。后者更能体现网络个体的能动性，个体通过伙伴选择构建其所在的联盟组合，可以实现网络个体的绩效目标或战略意图。例如，选择与陌生的伙伴建立研发合作关系有助于企业实现具有颠覆性的创新目标（Li et al.，2008）。选择与远距离的企业建立合作关系有助于企业实现较大的绩效目标（Baum et al.，2005）。对于占据网络中心位置的企业来说，选择与关系贫乏的企业构建联盟关系，有助于前者实施探索式的搜索和异质性信息的获取（Rosenkopf & Padula，2008；Ahuja et al.，2009）。同时，前者也可以通过与地位较高的企业合作而实现其新颖的战略意图，有助于提高双方联盟组合的效率和效益（Ozcan & Eisenhardt，2009）。如上所述，网络主体的行为一方面受其已有网络结构的约束，另一方面可以改变和塑造已有的网络结构，在网络动态演化的过程中，本书试图探究网络嵌入性和个体能动性的互动机制。网络动态性的研究将突破结构主义的藩篱，在网络分析中加入行动者的主体性，这可以为拓展和完善网络理论提供新的方向。

三、概念模型提出

至此，本书根据“绩效预期—联盟组合—企业绩效”的框架，融合前景理论视角下的伙伴选择与权变理论视角下的情境因素分析，建立了联盟组合形成和作用机制的研究整体概念模型，如图 3 - 1 所示。

构建这个模型的基本思路是：首先，从微观层面探究联盟组合的形成机制，引入前景理论，根据“绩效预期—伙伴选择—联盟组合”的分析框架，探究在不同预期对联盟伙伴选择行为的影响，形成不同维度特征的联盟组合的微观机制。其次，从社会网络理论视角分析不同维度的联盟组合

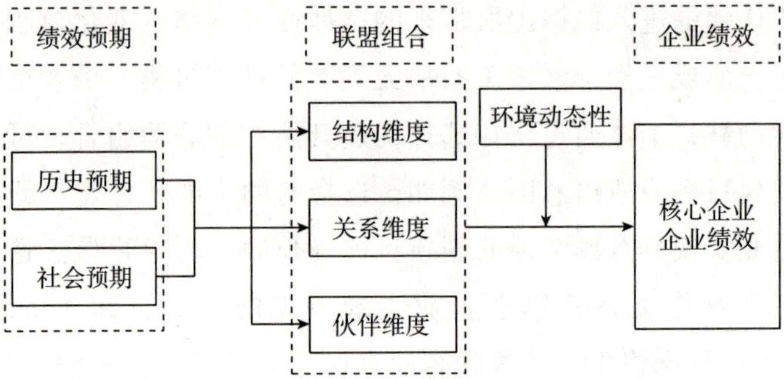

图 3－1　本研究整体概念模型

与企业绩效的作用关系。最后，从权变视角分析不同情境下联盟组合的绩效影响路径。本模型构建了从联盟组合的形成、演化和绩效影响的全构成理论框架，有利于深刻揭示联盟组合的动态形成和演化过程，有助于深入理解如何构建高绩效联盟组合这一研究问题。

本书整体概念模型中着重突出对联盟组合的维度划分，在此，本书详细界定联盟组合的维度划分标准。

在以往的研究中，大多数社会网络理论过多地强调网络同质性，认为网络中各个行为主体是同质的，忽略了行为主体的属性。他们仅仅关注联盟组合的结构特征和关系特征，这两个维度特征实质上都是在描述联盟组合主体间的特征，而忽略了对联盟组合主体——伙伴维度的关注。然而，网络的异质性对研究网络形成和演化至关重要，也逐渐被越来越多的学者关注。网络异质性关注的是网络各个节点本身，关注的是网络内的行为主体，强调的是主体间的异质性。在对联盟组合的研究中，有少量研究者从联盟组合的伙伴声誉、多样化程度等方面分析了对联盟绩效或企业绩效的影响。尽管如此，对联盟组合的维度划分还较为零散、缺乏体系。本书认为，在界定联盟组合维度时应既考虑联盟组合主体间关系的维度，也关注联盟组合主体本身的维度特征。

（一）结构维度

基于社会网络理论中的结构嵌入性，结构特征主要从焦点企业的网络位置、网络密度、网络规模等结构特征来研究联盟组合。第一，网络位置是联盟组合的重要结构特征之一，它对于企业获取资源的能力有重要影响。从联盟组合网络位置的视角，Koka 和 Prescott（2008）区分了焦点企业在其联盟组合中的两种不同网络位置——显著型位置与创业型位置。第二，网络密度作为联盟组合的维度特征对获取信息和资源的搜索和治理活动有不同作用。从联盟组合网络密度和个体联盟间连接强度的视角，Padula（2008）将其划分为紧密型联盟组合和松散型联盟组合。研究结果表明，松散型联盟组合能够促进非本地搜索（Sidhu et al.，2007），开发更多的专利（Baum et al.，2000），加速企业的研发速度（Hansen，1999），对企业创新和利润累积有正向作用。然而，由于成员企业之间交流程度很低，企业之间的信任程度和合作意愿也很低（Shipilov，2009）。在松散型联盟组合中，焦点企业难以将成员企业聚合在一起形成合力，也难以协调成员企业之间的行动，不利于焦点企业对联盟组合的治理活动。第三，网络规模在联盟组合的配置过程中至关重要。一方面，联盟组合的网络规模自身在解释企业间绩效差异时很重要。以往的研究表明，网络规模会对绩效产生正向作用（Shan et al.，1994）或非线性作用（Deeds & Rothaermel，2003）。另一方面，网络规模也会对其他配置因素如伙伴的质量、伙伴冗余度有影响（Baum et al.，2005）。

（二）关系维度

关系强度是一个点对分析层次的概念，它被大量文献运用到联盟组合的配置中。从联盟组合的视角，企业选择构建强弱联盟组合是基于两者不同的竞争优势。从强关系组合角度来看，一方面，强联系的联盟组合如果基于信任会影响焦点企业的创新能力，知识强度会通过联盟伙伴的社会发展而不断加强。另一方面，联盟组合中的强关系也会成为“双刃剑”。它们会负向影响焦点企业创新能力，通过使其陷入一种循环，与新的伙伴合作合同逐渐减少，弹性逐渐降低，不断降低对新市场的回应，导致小的、同质的、闭合的网络产生。而且，在联盟组合层次企业经常使用大量结构洞来构建弱关系和强关系来加强它们联盟的双面性，从而加强联盟绩效。

从弱关系组合角度来看，一方面，弱关系推动了企业的资源搜寻，使焦点企业联结到难以接触到的知识领域，增加联盟组合的多样性，促进并加速创新，同时弱关系有可能帮助企业占据结构洞位置，形成“弱关系的优势”（Granovetter，1973），提升企业绩效（Rowley et al.，2000）。

另一方面，本书将核心企业与其伙伴的关系是否直接相连界定为关系维度。具体来说，核心企业与其伙伴直接相连，则该伙伴为企业的老朋友；反之，核心企业与其伙伴是间接相连的，则该伙伴成为企业的“陌生人”。按照伙伴的熟识程度将核心企业的伙伴分为“陌生人”和“老朋友”（Li et al.，2008）。其中，“陌生人”可以为核心企业带来异质性信息和非冗余资源，但由于缺乏信任和合作经验，与之合作风险和不确定性较高。“老朋友”由于已有的合作经验和对彼此的信任会提高合作效率，但是与之合作会带来冗余资源和信息，不利于企业提高创新绩效。因此，本书试图探究联盟组合中“陌生人”和“老朋友”应该以何种关系比例配置更有助于提高核心企业的绩效。

因此，结构特征和关系特征可以作为描述联盟组合主体间关系的重要特征，通过对主体间关系的深入刻画，有助于我们从整体宏观层面分析联盟组合的前因和绩效影响。

（三）伙伴维度

传统的社会网络理论主要从网络层面分析主体间的关系和结构，忽略网络中个体的属性，网络结构主义理论将个体视为同质的。然而，为了研究联盟组合网络的形成和演化机制，仅仅从主体间关系层面分析是十分局限的，应该从微观视角关注网络异质性，强调网络主体，分析联盟伙伴的多样性和差异性。

联盟组合网络中的主体由核心企业及与其连接的联盟伙伴构成。已有研究关注的伙伴维度包含伙伴的多样化程度、声誉及资源贡献等因素。首先，联盟组合中焦点企业的联盟合作伙伴类型的多样化程度可以定义为联盟组合的效率（Baum et al.，2000），通过与不同类型的合作伙伴缔结联盟来构建联盟组合，焦点企业可以获取更多的非冗余信息，提供获取网络资源的效率。多样化程度也可以从本国合作伙伴、东道国合作伙伴以及合作伙伴所属的不同产业类别来测量，Goerzen 和 Beamish（2005）正是借此来分析跨国公司进行投资的合资企业。其次，从资源基础观和能力视角来观察联盟伙伴的作用，关注伙伴的资源和能力禀赋。Stuart（2000）提出，在创业企业中，企业从联盟组合获得的利益大多数是由伙伴企业的技术创新能力和收益决定的。和高质量的伙伴企业连接可以提高焦点企业的声誉，如果这个企业既年轻又是创业企业。最后，从信号理论出发，有学者提出新创企业与重要的联盟伙伴和组合的股权投资者合作，可以加速其完成 IPO，并且从 IPO 中获得更多的价值。从新创企业角度来看，与已有联盟伙伴的熟悉程度可以提供大量的好处，如可以获得有价值的资源，从伙伴的声誉中获得溢出效应。

四、本章小结

本章首先从社会网络理论的两种理论机制——网络嵌入性和主体能动性进行阐述，为后文研究联盟组合的形成和演化机制奠定了理论基础。在此基础上，提出后结构主义视角下，结合前景理论分析联盟组合的微观形成机制。根据现有的文献梳理，文章明确从权变理论视角分析不同情境下联盟组合不同维度特征对企业绩效的作用，发现书外部环境动态性会导致联盟组合与企业绩效的作用关系。基于此，本书试图展示外部环境动态性、绩效预期、联盟组合的网络形成和演化的全过程。对于具体内在的发生机制如何，我们将在以下章节进一步探讨。

第四章　联盟组合的形成机制研究

根据前文提出的研究内容框架，本章将就“联盟组合如何形成”这一研究问题提出理论假设，收集有效样本数据，采用适当的数据处理方法，对假设开展实证检验，并对实证结构进行解释和讨论。

一、研究假设

基于社会网络理论的后结构主义范式，本书对联盟组合网络的形成机制进行分析。联盟组合网络的形成和演化过程既体现了网络的嵌入性，又体现了网络中行为者的主体能动性（吴结兵和王笑言，2014）。联盟组合网络是在两种机制的共同作用下形成的。也就是说，一方面，网络作为环境对个体选择行为产生影响；另一方面，个体发挥主体能动性，自主地进行伙伴选择，联盟组合网络是两方面共同作用的结果。

以往研究过多强调的是网络嵌入性视角，本书重点强调的是社会网络理论中的后结构主义范式，着重分析网络中个体的主体能动性，分析其伙伴选择行为的影响因素和作用机制。在分析联盟组合网络中个体的伙伴选择行为时，本书引入行为经济学中的前景理论，来分析个体在不同情境下做出的伙伴决策选择。

（一）绩效预期与联盟组合伙伴维度

前景理论的基本理论之一为反射效应，该理论认为当处于损失状态时，多数行为者是风险喜好或者说是风险偏爱者（Kahneman & Tversky，1979）。也就是说，当核心企业未达到其绩效预期时，企业更倾向于采取冒险性行为，成为风险偏好者。当联盟组合中的核心企业进行本地还是非本地的伙伴选择时，与非本地伙伴建立合作关系对于核心企业来说，意味着较大的风险和不确定性（Baum et al.，2005）。本地伙伴由于地理位置的接近，在某种程度上会减少合作的风险和不确定性，因此，选择与非本地伙伴合作被视为一种高风险和不确定的行为，选择与本地伙伴合作则被视为相对安全和保守的行为。

尽管考虑到减少风险和不确定性会导致嵌入关系的优势，但是组织间网络会同时构建本地关系和跨越本地的非本地关系（Nohria & Garciapont，1991；Kogut & Walker，2001；Baum et al.，2003；Davis et al.，2003；Powell & Grodal，2005）。大量研究表明，非本地关系在承担更高的风险和不确定性的同时会带来更大的价值，非本地关系会使组织建立非冗余联系，来获取伙伴并未掌握的独特的信息，还可以通过新的机会来获得中间者的资源和信息（Burt，1992；Ahuja，2000；Rowley et al.，2000；Soda et al.，2004）。相反，过度依赖嵌入性关系会带来相同信息来源的重复路径，从而损害企业绩效（Uzzi，1996；Beckman et al.，2004）。

非本地关系不仅是企业愿意承担形成它们的风险和不确定性的结果，也是理解企业间网络结构和动态性的基础。当嵌入性关系逐渐转变为稳定的企业间关系，非本地关系会通过获取未来者的机会来战胜由嵌入性关系带来的进入障碍（Baum et al.，2005）。另外，嵌入性网络可以促进本地集聚，非本地关系会使得不同区域的本地集群汇聚成一个网络，为其提供信息交换的渠道，这些信息对于小世界网络结构十分重要（Watts，1999；Kogut & Walker，2001；Baum et al.，2003；Uzzi & Spiro，2004；Powell et al.，2005）。这样的结构会带来更有效的获取跨区域网络的多样化信息的方法。

因此，当一个企业远低于其绩效预期，企业则不应该通过少量的调整来实现其可接受的绩效。决策者必须通过更多地进行探索式搜索、非本地搜索、采取冒险性探索式的行为，以提高其绩效可以达到其预期值的可能性。

另外，企业绩效远低于预期时，对于解决问题的搜索来说是一个动力，可以促进企业改变现状，关注潜在问题，同时探索新的实践、战略和行动。对于低绩效的追求可以促进行动者在可控制（Salancik & Meindl，1984）的范围内更加大胆地成为进步分子（Abrahamson，1996；Abrahamson & Fairchild，1999）。大量研究表明，较低的企业绩效会使企业决策者采取更加冒险的行为，然而，令人满意的绩效则不会有此作用（Singh，1986；Bromiley，1991；Lant et al.，1992；March & Shapira，1992；Nohria & Gulati，1996；Greve，1998，2003；Audia et al.，2000）。

然而，当企业认为会超越绩效预期时，企业则会做出不同的伙伴选择行为。前景理论的另一个基础理论为确定效应。该理论提出，当处于收益状态时，多数个体是风险厌恶者或者说是风险规避者（Kahneman & Tversky，1979）。简言之，人们在面临获得时往往小心翼翼，不愿冒风险；而在面对失去时会很不甘心，容易冒险。因此，当企业预估其绩效可以超越其预期时值，企业则不会采取较高风险和不确定性的行为，而采取保守的行为，企业认为"二鸟在林，不如一鸟在手"，在确定的收益和"赌一把"之间，企业会选择确定的好处。所谓"见好就收，落袋为安"，这也是确定效应所阐述的内容。因此，当企业预测本期绩效会高于其之前的绩效预期时，企业则会更倾向于选择相对风险和不确定性较低的伙伴选择行为——选择本地伙伴，通过与本地伙伴构建合作关系来维持绩效的持续上涨。

从企业决策者所承受的压力角度来分析，当企业决策者预测其本期绩效会低于绩效预期时，企业决策者承受的巨大压力会迫使其产生更大的动力采取冒险行为，以期获得更高的绩效；相反，当企业决策者预测其本期绩效会超过其绩效预期时，他们不会承受提高绩效的压力，反而会希望通过风险和不确定性较低的伙伴选择行为来保持良好的上涨态势。

综上所述，本书提出以下假设：

H1a　当企业绩效高于社会预期时，企业绩效越高于社会预期，企业越倾向于选择本地合作伙伴。

H1b　当企业绩效高于历史预期时，企业绩效越高于历史预期，企业越倾向于选择本地合作伙伴。

H2a　当企业绩效低于社会预期时，企业绩效越低于社会预期，企业越倾向于选择非本地合作伙伴。

H2b　当企业绩效低于历史预期时，企业绩效越低于历史预期，企业越倾向于选择非本地合作伙伴。

联盟组合伙伴个体维度的另一个特征为行业多样性意味着核心企业的伙伴所在的行业种类越多，其伙伴的行业多样化程度越高；反之，则伙伴的行业多样化程度越低。在不同的绩效预期下，企业在面临构建行业多样化程度高的联盟组合还是选择相似行业的伙伴进行合作这两种选择时，所采取的选择行为结果不尽相同。选择行业差异性大的合作伙伴，构建行业多样化程度高的联盟组合，对于核心企业来说，意味着即将面临更大的风险和不确定性。一方面，多样化程度高的联盟伙伴会带来异质性信息和新颖性资源，从而提升企业获取资源和信息的能力、扩大其获取有价值资源的渠道，进一步提升核心企业的绩效（Jiang et al.，2010）；另一方面，与多种行业的伙伴企业进行合作，对于核心企业来说面临着较高的挑战，主要原因是复杂的合作方式和合作内容，以及不同行业带来的差异化的管理方式和运营方式，都对双方的合作提出新的挑战，同时也伴随着较高的风险和不确定性。

构建多样化程度较高的联盟组合也是理解组织间网络的结构和动态性的基础。当嵌入性关系逐渐转变为稳定的组织间关系时，来自不同行业的伙伴会通过获取未来者的机会来战胜由嵌入性关系带来的进入障碍（Baum et al.，2003）。另外，尽管嵌入性网络促进相同行业的企业间合作，多样化的伙伴关系会使不同行业的企业汇聚成一个网络，为其提供信息交换的渠道。这样的方式会带来更有效的获取跨行业网络多样化信息的方法。构建多样化程度较高的联盟组合的伙伴选择行为过程可以体现网络行为主体的个体能动性，有助于我们对网络形成的进一步理解。

在联盟组合的伙伴关系构建过程中，企业会根据不同的绩效预期，选择不同行业类型的伙伴。当一个企业远低于其绩效预期时，企业则不应该通过选取相似行业的伙伴企业建立合作关系来实现其可接受的绩效。因此，决策者必须通过更多的探索式搜索、多个行业伙伴的搜索，采取冒险性探索式的行为，以提高其绩效可以达到其预期值的可能性。

然而，当企业认为会超越绩效预期时，企业则会做出更为保守的伙伴选择决策。确定效应作为前景理论的另一个基础理论提出，当处于收益状态时，多数个体是风险厌恶者或者说是风险规避者。因此，当企业预估其绩效可以超越其预期时值，企业不会采取较高风险和不确定性的行为，而采取保守的行为。企业认为“二鸟在林，不如一鸟在手”，在确定的收益和“赌一把”之间，企业会选择确定的好处。由此可知，当企业认为会超越其绩效预期时，企业不会采取更多的业务拓展行为。因为寻找多种行业的合作伙伴需要付出额外的成本和时间，并伴随着较高的风险和不确定性，而此时的企业由于预估其会获得确定收益，企业则会更倾向于选择本行业的或与已有伙伴行业相似的伙伴企业开展业务，以确保确定收益的获得。

综上所述，本书提出以下假设：

H3a 当企业绩效高于社会预期时，企业绩效越高于社会预期，企业越倾向于选择多行业合作伙伴。

H3b 当企业绩效高于历史预期时，企业绩效越高于历史预期，企业越倾向于选择多行业合作伙伴。

H4a 当企业绩效低于社会预期时，企业绩效越低于社会预期，企业越倾向于选择多行业合作伙伴。

H4b 当企业绩效低于历史预期时，企业绩效越低于历史预期，企业越倾向于选择多行业合作伙伴。

（二）绩效预期与联盟组合结构维度

网络规模可以为企业提供使用互补性知识和技能的通道。联盟组合的网络规模越大，越有利于核心企业获得其他网络的信息、获取丰裕度较高的知识资源。随着核心企业联盟数量的增加，其获得异质性信息和资源的渠道也会增加，进而促进企业绩效的提高。联盟组合的网络规模越大，核心企业更可能利用其他网络的信息。企业网络规模的大小意味着焦点企业可以获取知识资源的丰裕程度，当与企业联系的外部企业数量越多时，企业获得外部知识的渠道也就越多，从而也就越有利于企业绩效的提高。然而，网络规模的扩大会伴随着风险和不确定性，企业在面临不同的绩效预期时，会对其即将面临的风险和不确定性采取不同的网络构建行为。对于核心企业来说，扩大联盟组合的网络规模可以被视为风险性较高的行为，而保持原有规模或缩减已有的联盟组合网络规模，可以被视为一种相对保守和低风险的行为。这两种行为的选择决策，很大程度上是由其绩效预期决定的。

前景理论的“反射效应”提出，当处于损失状态时，多数行为者是风险喜好或者说是风险偏爱者（Kahneman & Tversky，1979）。也就是说，当核心企业未达到其绩效预期时，企业更倾向于采取冒险性行为，成为风险偏好者。当企业预估其绩效会低于其预期值时，企业会扩大其网络规模。通过扩大网络规模，利用网络规模的扩大所带来的企业网络中知识资源的规模的增加及异质性，来实现其绩效的增长（Baum et al.，2000）。同时，企业决策者由于低绩效而带来的巨大压力也会迫使其通过扩大网络规模等方式来提高企业绩效。

当企业决策者认为企业会超越其绩效预期时，企业不会倾向于扩大其网络规模。因为扩大网络规模需要核心企业去寻找多种行业的合作伙伴，而这一过程需要付出额外的成本和时间，并伴随着较高的风险和不确定性。而此时的企业由于预估其会获得确定收益，企业则更倾向于保持原有的网络规模，在原有的规模基础上进行业务的开发和拓展，以确保确定收益的获得。正如前景理论中的确定效应所述，当处于收益状态时，多数个体是风险厌恶者或者说是风险规避者（Kahneman & Tversky，1979）。因此，当企业预估其绩效可以超越其预期时值，企业则不会采取较高风险和不确定性的行为，而更倾向于采取相对保守的行为，即选择保持或缩减原有的网络规模。

综上所述，本书提出以下假设：

H5a　当企业绩效高于社会预期时，企业绩效越高于社会预期，企业越倾向于扩大联盟组合网络规模。

H5b　当企业绩效高于历史预期时，企业绩效越高于历史预期，企业越倾向于扩大联盟组合网络规模。

H6a　当企业绩效低于社会预期时，企业绩效越低于社会预期，企业越不倾向于扩大联盟组合网络规模。

H6b　当企业绩效低于历史预期时，企业绩效越低于历史预期，企业越不倾向于扩大联盟组合网络规模。

（三）绩效预期与联盟组合关系维度

不同的绩效预期会影响企业构建不同关系维度的联盟组合。从联盟组合主体间关系出发，联盟组合的关系维度分为两类：一类是通过关系强度划分为强关系组合和弱关系组合；另一类是通过伙伴关系是否直接相连划分为以新伙伴为主的关系组合和以老朋友为主的关系组合，即新旧关系组合。

首先，我们进行绩效预期与强弱关系组合的关联分析。强关系有助于企业对复杂知识的传递和搜索，进而提升企业组织学习和获取资源的能力（蔡宁和潘松挺，2008）。强关系组合的构建主要通过两种路径：一是在网络嵌入性机制作用下，企业与已有的合作伙伴维持长期的合作关系；二是主体性机制作用下，企业与新的伙伴直接建立强关系（Ozcan & Eisenhardt，2009）。强关系联盟组合的构建主要以伙伴之间的信任关系为基础，构建和维持强关系组合有利于减少企业之间的冲突，提升相互之间的信息交换，促进企业之间的合作（Uzzi，1997）。然而，弱关系有助于非冗余信息的搜索和获取，有利于企业获得异质性信息，并且不需要大量的维持成本。弱关系的建立也有助于企业处于结构洞位置，从而获得对竞争性资源和有价值信息的控制权力（Granovetter，1973；Hansen，1999）。弱关系联盟组合的构建主要是在企业的主体性机制作用下，企业积极主动地寻找异质性信息时与网络外部的伙伴建立的伙伴关系。由于弱关系伙伴间的信任基础相对薄弱，合作意愿并非持久，企业构建弱关系组合时会面临一定的风险和不确定性，伙伴关系也会随着合作风险的提高而断裂。

从前景理论的视角看，我们知道企业的行为决策是受企业对未来绩效的预期影响的。当企业预测其绩效未能达到其预期值时，企业会倾向于选择冒险行为。正如前景理论中的反射效应所说，该理论认为当处于损失状态时，多数行为者是风险喜好或者说是风险偏爱者（Kahneman & Tversky，1979）。也就是说，企业会选择构建弱关系组合，获取非冗余信息和有价值的资源，以提升企业自身的竞争优势和掌控信息资源的能力，通过探索式学习利用有价值的信息和资源，进而提高其绩效收益。因此，尽管构建弱关系组合伴随着较高的风险和不确定性，企业也宁愿承受这种伙伴选择行为所带来的风险和不确定性，以期获得绩效的提升。

然而，当企业预期其绩效时会超越其预期值时，企业只需要维持现有的发展水平以保证预期收益。在这种情况下，大多数企业会成为风险厌恶或者说是风险规避者。由于强关系的建立是基于彼此良好的信任基础和较强的互惠意愿，风险和不确定性较低。另外，强关系有助于企业间进行利用式创新（蔡宁和潘松挺，2008；吴结兵和郭斌，2010），可以在风险性相对较低的条件下，保持企业绩效的持续增长态势。因此，企业会倾向于选择采取相对保守的伙伴构建方式，即构建强关系组合。

综上所述，本书提出以下假设：

H7a　当企业绩效高于社会预期时，企业绩效越高于社会预期，企业越倾向于选择强关系合作伙伴。

H7b　当企业绩效高于历史预期时，企业绩效越高于历史预期，企业越倾向于选择强关系合作伙伴。

H8a 当企业绩效低于社会预期时，企业绩效越低于社会预期，企业越倾向于选择弱关系合作伙伴。

H8b 当企业绩效低于历史预期时，企业绩效越低于历史预期，企业越倾向于选择弱关系合作伙伴。

其次，我们对绩效预期与联盟组合新旧伙伴组合的关联关系进行分析。当联盟组合中的核心企业进行“陌生人”还是“老朋友”的伙伴选择时，与“陌生人”建立合作关系对于核心企业来说，意味着较大的风险和不确定性，“老朋友”由于彼此间长期的信任和依赖，在某种程度上会减少合作的风险和不确定性，因此，选择与“陌生人”合作被视为一种较高风险和不确定的行为，选择与“老朋友”合作则被视为相对安全和保守的行为。

大量研究表明，与“陌生人”合作比起更高的风险和不确定性会带来更大的价值，“陌生人”会使组织建立非冗余联系，来获取伙伴并未掌握的独特的信息，还可以通过新的机会来获得中间者的资源和信息（Burt，1993；Ahuja，2000；Rowley et al.，2000；Soda et al.，2004）。相反，过度依赖嵌入性关系会带来相同信息来源的重复路径，从而损害企业绩效（Uzzi，1996；Beckman et al.，2004）。

与“陌生人”构建伙伴关系不仅仅是企业愿意承担形成它们的风险和不确定性的结果，也是理解企业间网络的结构和动态性的基础（Baum et al.，2005）。当嵌入性关系逐渐转变为稳定的企业间关系，“陌生人”会通过获取未来者的机会来战胜由嵌入性关系带来的进入障碍（Baum et al.，2003）。另外，嵌入性网络可以促进“老朋友”的集聚，“陌生人”会使得许多新的节点汇聚成一个网络，为其提供信息交换的渠道，这些信息对于小世界网络结构十分重要。这样的结构会带来更有效的获取跨区域网络的多样化信息的方法。

依照前景理论中的反射效应，当处于损失状态时，多数行为者是风险喜好或者说是风险偏爱者（Kahneman & Tversky，1979）。也就是说，当核心企业未达到其绩效预期时，企业更倾向于采取冒险性行为，成为风险偏好者。当一个组织远低于其绩效预期，组织则不应该通过少量的调整来实现其可接受的绩效。因此，决策者必须通过更多地采取冒险性探索式的行为，以提高其绩效可以达到其预期值的可能性。

企业绩效远低于预期时，企业会在可控制的范围内更加大胆地成为进步分子（Abrahamson & Fairchild，1999）。大量研究表明，低的组织绩效会使企业决策者采取更加冒险，通过采取一系列的行为，然而，令人满意的绩效则不会有此作用（Singh，1986；Bromiley，1991；Lant et al.，1992；March & Shapira，1992；Nohria & Gulati，1996；Greve，1998，2003；Audia et al.，2000）。相反，当企业认为会超越其绩效预期时，企业不倾向于开拓新的伙伴关系。因为寻找多种行业的合作伙伴需要付出额外的成本和时间，并伴随着较高的风险和不确定性，而此时的企业由于预估其会获得确定收益，企业则更倾向于与“老朋友”保持持续的合作关系，以确保确定收益的获得。

因此，与确定效应所述相一致，当处于收益状态时，多数个体是风险厌恶者或者说是风险规避者。当企业预估其绩效可以超越其预期时值，企业不会采取较高风险和不确定性的行为，而倾向于采取相对保守的行为。另外，在网络嵌入性和资源依赖性的共同作用下，企业会倾向于选择已有合作伙伴（Uzzi，1997）。满意的绩效会使企业更倾向于重复以往的发展路径和运作方式，以及网络关系构建方式和伙伴选择行为（Kahneman & Tversky，1979）。

综上所述，本书提出以下假设：

H9a　当企业绩效高于社会预期时，企业绩效越高于社会预期，企业越倾向于选择原有合作伙伴。

H9b　当企业绩效高于历史预期时，企业绩效越高于历史预期，企业越倾向于选择原有合作伙伴。

H10a　当企业绩效低于社会预期时，企业绩效越低于社会预期，企业越倾向于选择新的合作伙伴。

H10b　当企业绩效低于历史预期时，企业绩效越低于历史预期，企业越倾向于选择新的合作伙伴。

本书基于对联盟组合的形成机制分析提出研究假设，实证研究假设框架如图 4－1 所示。

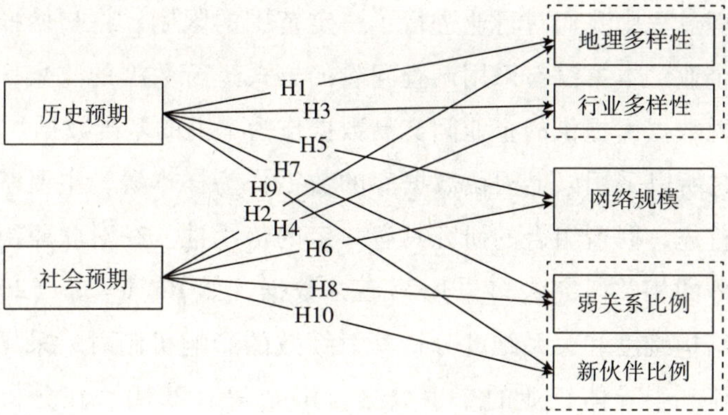

图 4－1　实证研究假设框架

二、研究方法

（一）样本选择

本书在进行大规模数据收集前，先对浙江制药企业①进行了小规模的

① 本书第六章对浙江制药公司进行纵向案例分析，探究联盟组合动态演化过程。在准备实证研究过程中，笔者也与该公司高管进行了频繁的交流，以期准确把握研究设计。

调研。在调研的过程中，对于数据获取的方式，我们通过与企业高管的访谈中了解到企业间的联盟伙伴信息对于每个公司来说有点像企业自身的隐私，选择与何种企业建立合作关系与企业自身的发展方向和长期战略息息相关。鉴于此，在数据的收集上，本书决定运用二手数据，样本来源于我国国税数据库。为结合本书理论假设的特点，避免行业因素影响，因此，在数据处理过程中我们对行业进行了一定范围的限制。将初始样本源确定为纺织业企业。本书没有采用调查问卷的方式进行数据的收集，而是采用浙江省国税数据库提供的企业间交易数据作为本书的基础数据。

本书之所以采用以上国税数据库的数据作为样本源，主要基于以下几个原因：首先，联盟组合的研究具有一定的传承性。在对联盟组合的研究中，国内外的相关研究大多采用第三方数据，如 Rowley 等（2000）从联盟组合的结构维度和关系维度分析其对绩效的影响机制时，采用的就是美国钢铁行业和半导体行业的二手数据。Jiang 等（2010）在分析联盟组合动态性和企业绩效的关系时就采用第三方数据对 138 家跨国企业进行实证研究。因此，基于对前人研究方法的传承，本书采用国税数据库作为大样本研究对象。其次，浙江省国税数据库数据具有可获得性。由于企业的交易数据需定期向税务部门进行登记和申报，国税数据库中所含的企业间交易数据较为真实可靠，并且具有更高的可信度。最后，国税数据库的交易数据与本书的研究主题十分契合，联盟组合的形成和演化过程需要长期的企业间的伙伴关系数据，并且联盟组合的概念即为与企业具有直接关系的集合。国税数据库所提供的企业间交易数据十分满足和契合本书的数据需求，为本书提供了有力的数据支撑。

关于行业的选取，本书收集的企业样本是大型纺织业制造企业，包括化纤、轻纺、服装、家纺、经编、印染、纺织机械等纺织业企业。研究选择纺织业企业数据主要是由于我国纺织业所展现的强大的竞争优势，以及其所具备的多样化的联盟组合特征。

据统计，2010 年我国纺织行业规模以上企业完成工业总产值 40000 亿元，同比增长 25%；累计实现利润总额 2053.6 亿元，同比增长 54.6%，增速较2019年同期加快近30个百分点。纺织品服装出口同比增长23.6%，达到2065.3亿美元。全年累计实现纱产量2716.9万吨，同比增长13.7%，布产量655.5亿米，同比增长19.5%，化纤产量3090万吨，同比增长13.4%。[①]

加入WTO后，我国正在成为世界纺织业的制造基地。2004年底《纽约时报》专门刊登了一篇报道中国纺织业产业集群的文章，文章介绍了嵊州领带、诸暨大唐袜业、萧山新塘羽绒服以及山东、福建和广东纺织业的集群状况，并指出了我国纺织业的世界性影响。浙江绍兴纺织业自改革开放以来快速发展（见表4-1），逐步达到中国纺织业的领先水平。

表4-1　绍兴县纺织业发展大事记

年份	事　　件
1979	改革开放与化纤纺织新市场利基的出现 绍兴县第一丝织厂首家生产门幅90厘米膨体涤纶织物
1986	绍兴县第一纺纱厂、绍兴县第二毛织厂、绍兴县江桥人丝人棉纺织厂、绍兴县杨汛桥纱厂建成投产
1988	绍兴县新建全国首家室内轻纺产品专业市场——中国轻纺城
1991	绍兴县光明针织厂引进第一台无梭织机
1995	卖方市场转入买方市场，产品滞销
1995~1998	无梭化改造，共投入技改资金220亿元，1998年无梭化率达到44.1%
1999	绍兴县提出“市场开拓、产品开发”的纺织业“双开战略”
2001	向家纺与服装业拓展，建设柯西服装工业园区
2003	浙江华联三鑫石化有限公司成立，建设60万吨PTA项目
2005	人民币升值、出口退税率调整，出现行业性亏损

① 资料来源：国家发改委网站，http：//gys. ndrc. gov. cn/gzdt/201101/t20110130_ 393654. html。

续表

年份	事 件
2006	成立浙江省现代纺织工业研究院
2008	成立印花布行业协会，保护企业知识产权
2009	35 家纺织企业列入年度“中国纺织服装企业竞争力 500 强”
2011	绍兴收购全球纺织品网，建设全球纺织品网的电子商务平台
2012	绍兴县被列入全省智能纺织印染装备产业转型发展试点
2014	新增 2 个省级集群区域国际品牌试点 1 个省级产业集群“两化”深度融合试验区

资料来源：根据访谈记录和二手数据整理。

（二）数据收集

1. 样本确定与筛选

基于上述分析，本书联盟组合网络数据通过国税数据库系统获取，国税数据库详细记录了企业间（包括本地企业与本地企业之间、本地企业与外地企业之间）的增值税发票数据。本书首先从所在地在国税数据库中剔除明显与纺织业没有关联的企业，如酿酒厂、供电公司等，对于是否属于纺织业范围仍然存在疑问的企业，如某集团公司、某商贸公司等，我们通过网站检索、电话访谈等方式确认该企业的业务范围及其与本地的关系，进一步提出与纺织业无关的企业。在确认联盟网络主体后，研究通过国税数据库系统中的企业间交易记录考察网络关系，共获得 506 家企业的交易数据。

也就是说，本书中网络关系界定于企业间的交易关系，这种交易关系可能属于生产性质（购买原材料、半成品、设备等），也可能属于非生产性质（如购买技术、经营许可等），同时这种交易关系也是技术扩散的重要渠道（Cohen et al.，2002）。此外，考虑到交易本身具有的交互性质，本书没有进一步区分网络关系的方向。同时，在对企业间关系数据的处理过程中，面对企业每年多达上百万条的交易数据，研究者进行了汇总，将买方与卖方相一致的交易进行合并，整理出企业联盟组合网络的关系矩阵。

本书经过筛选，最终选取2001～2010年浙江省绍兴县506家纺织业企业为样本来检验所有假设。企业网络主体的确认和网络关系数据都来源于国税数据库系统。由于国税数据具有权威性和客观性，研究能够客观真实地反映企业联盟组合网络的形成和演化过程。

2. 数据的编码和基本变量数据的收集

由于本书分析的数据样本为506家样本企业10年间多达百万条的交易数据，为了确保数据处理的准确性和实效性，数据的收集和编码工作由组建的研究团队来共同完成。研究团队包括2名管理学博士生、2名管理学硕士生、1名数学系本科生，共5人，数据收集与处理共持续5个月。为保证联盟组合数据获取的准确性，本书首先将样本企业的原始交易数据用Excel进行录入并汇总整理，并对本书涉及的所有变量的基本数据进行收集和挖掘。研究团队中两位工作人员主要负责原始数据的筛选和录入，第三位工作人员负责数据校对，若出现错误和理解分歧，则所有团队成员进行集体讨论，明确数据信息。第四位和第五位工作人员负责数据后期的计算与编码，由第三位工作人员对此过程进行校对审核，最终形成完整的实证数据库。需要强调的是，由于本书采用国税数据库数据作为数据来源，通过企业组织机构代码对企业进行识别。企业已领取组织机构代码的纳税人税务登记代码为区域码和国家技术监督部门设定的组织机构代码。纳税人识别号一律由15位、18位或者20位码（字符型）组成。其中，企业、事业单位等组织机构纳税人以国家技术监督局编制的9位码并在其前面加挂6位行政区划码共15位码作为其纳税人识别号。通过不同位数的代码，可以将相关变量加以挖掘，以得到原始数据基础。具体的变量衡量和编码方式，我们将在下一章节作具体说明。

通过对二手数据的统计分析和处理，本书建立了“绍兴纺织业企业联盟组合的数据平台”。此数据平台包括企业基本信息、企业的合作伙伴的信息、交易时间、交易额、交易类别等。这个数据平台对我国纺织业企业联盟组合情况的刻画具有一定的贡献，也是本书进行实证检验的数据基础。

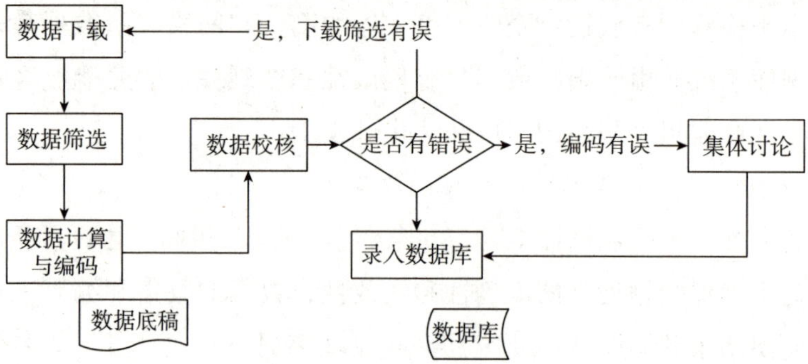

图 4-2　资料收集流程

资料来源：在何大军（2008）的基础上整理。

（三）变量测量

1. 自变量

绩效预期可以来自两种类型的比较。首先，与企业自身的绩效历史相比较（Cyert & March，1963；Levinthal & March，1981）。一个企业最近的绩效历史作为一个参照系，来评价企业当前的绩效趋势。它的预期值会滞后于过去的绩效，随着企业绩效的增加而增加，随着企业绩效的降低而减少（March & Simon，1958；Cyert & March，1963；Lant，1992）。其次，与社会上同行绩效的比较（Cyert & March，1963）。在本书中，组织参照自身或是同行业的绩效作为参照值，来评价企业目前绩效的值。尽管有些局限，但也有研究表明其优越性，便于观察和比较是影响决策者如何形成自身的参考群体的重要因素（Haveman，1993；Reger & Huff，1993；Lant & Baum，1995；Porac et al.，1995；Greve，1996；Baum et al.，2000）。

企业预期可以用市场和财务的相关指标来量化，包括市场份额（Greve，1996）、收入（Mezias et al.，2002）、销售收入（Audia et al.，2000）、净资产收益率（Fleming & Bromiley，2003；Greve，2003；Miller & Chen，2004）。具体衡量上，本书采用销售收入来衡量组织的预期。

（1）历史预期。对于每个企业的绩效矩阵，企业的历史预期都具体为对过去的经验绩效赋以一个变化的权重（Levinthal & March，1981；Greve，1996；March，1986；Lant，1992），可以表述为：

$$A_{it}=\alpha P_{it-1}+(1-\alpha)A_{it-1} \quad (1)$$

其中，A 为历史预期，P 为绩效矩阵，如市场份额，i 为核心企业，t 为时间，a 为对绩效的权重，如果赋以较高的数值在预期值部分，则表明更强调近期的绩效，若赋以较低的数值在预期部分，表明更强调更低的绩效。为了评价我们的结果对不断变化系数的敏感性，我们具体取 $a=0.25$、0.5、0.75 三个值。

（2）社会预期。作为起始值，我们认为企业的社会预期是基于整体网络中其他企业的当前绩效。在这里，同行是在产业网络中的所有其他企业，预期值为整体绩效的平均值。因此：

$$A_{it}=(\sum_{j}P_{jt})/N \quad (2)$$

其中，j 为其他银行，N 为其他所有银行 j 的数量。与历史预期一样，我们通过市场份额来衡量企业的社会预期。

为了分析需要，我们在 H1 ~ H10 所指的相对的社会预期绩效为 t 时间的绩效与 t 时间的社会预期的差值，同样，相对的历史预期绩效为 t 时间的绩效与 t 时间的历史预期的差值。

在社会预期绩效与绩效预期绩效计算过程中，通过样条函数（Spine Function）来进一步处理相对值的正负情况。样条函数通常用来进行斜率的计算（Greene，1993）。

2. 因变量

（1）联盟组合伙伴维度。

1）本地伙伴与非本地伙伴的界定。具体测量是通过企业组织机构代码进行识别。由于国家技术监督局统一规定代码的前6位为省份和地区代码，可以通过前6位数据对企业所在区域进行识别。具体衡量标准为合作伙伴与核心企业的组织机构代码前6位数字相同时，则定义为本地伙伴；反之，则定义为非本地伙伴。非本地伙伴的比例是指某一年非本地伙伴关系的数量与此年度新增伙伴数量的比值。

2）多样化程度。本书中行业多样化程度具体衡量标准是指核心企业的伙伴所在行业分布数量。具体的行业信息是通过对组织机构代码中代表行业的代码来区分。

（2）联盟关系维度。

1）关系强度。网络间关系强度是网络特征中一个重要变量，许多学者从不同的研究视角给出不同的测度方法。Granovetter（1973）提出应通过关系投入时间、情感投入程度、亲密程度以及互惠性来衡量网络的关系强度。在此基础上，Capaldo（2007）从时间、资源和社会三个维度对关系强度进行测度，具体通过关系的合作频率、合作持续时间和合作强度来衡量。基于上述研究成果以及数据的可得性，本书采用合作次数作为分析关系强度的原始数据。由于本书的研究对象为联盟组合，联盟组合的关系强度不仅需要考虑单一联盟的关系强度，还要考虑整体联盟组合的关系强度。具体测算方式是将每一年度所有企业与其伙伴合作次数的中位数为参照值，超过这一合作次数的伙伴关系定义为强关系，低于这一合作次数的伙伴关系定义为弱关系。联盟组合的强弱关系是通过强关系和弱关系所占的比例来界定的。若强关系数量超过整个联盟组合的联盟数量的50%则界定为强关系组合；反之，则界定为弱关系组合。

2）新旧伙伴。本书通过本年度与上年度的伙伴用统计软件进行匹配，本年度与上年度共同出现的企业定义为核心企业已有的合作伙伴，仅在本年度出现，而上年度并未出现的企业则定义为核心企业新的合作伙伴。

（3）联盟组合结构维度。以往研究中对于网络规模的测量有多种方式。通过网络内不同资源的关系总数（Jarillo，1988）、与焦点企业进行知识交流的供应商、客户以及同行竞争者的总数（王晓娟，2007）、与本地企业建立的关系种类数等方式来对网络规模进行测量。由于本书研究对象为联盟组合，对个体中心网的网络规模的测量是通过联盟组合中的企业数量来衡量的。

3. 控制变量

企业层面的因素包括企业所有制、企业年龄和企业规模等。其中，所有权与企业绩效紧密联系，不同所有权形式的企业在战略目标、竞争战略等方面都存在显著的差异。基于中国转型经济体制下这一特殊情境，国有企业、民营企业、个体工商户等企业性质的划分，会对企业构建联盟组合产生影响。本书将所有权设置为哑变量。具体来说，通过对组织机构代码中表示企业经济性质的代码进行统计分类，从而将企业性质加以区分。

研究变量及测度指标如表4－2所示。

表4－2　研究变量及其测度指标

变量	指标	指标定义	参考文献
绩效预期	历史预期	不同权重的历史绩效之和	Baum（2005）；Greve（2008）；Vissa 等（2010）
	社会预期	网络中其他企业绩效的均值	Baum（2005）；Greve（2008）；Vissa 等（2010）
联盟组合结构维度	网络规模	联盟组合企业的数量总和	Baum（2000）；Milanov（2009）
联盟组合关系维度	弱关系比例	弱关系数量占每年新增伙伴数量的比例	Capaldo（2007）
	新伙伴比例	新伙伴数量占每年新增伙伴数量的比例	Baum（2005）；Jiang 等（2010）

续表

变量	指标	指标定义	参考文献
联盟组合伙伴维度	行业多样性	伙伴企业所在的行业数量	Jiang 等（2010）
	非本地比例	非本地企业数量与每年新增伙伴数量的比例	Baum 等（2005）

资料来源：本书汇总整理。

（四）数据分析方法

本书所采用的数据是国税数据库的公开数据，一般而言，国税数据库的数据披露受审计部门和监管机构的监督，治理机制与信息披露程序更为规范，这些面板数据能够较为客观地反映出企业实际情况和问题，增加自由度，提供较为全面的信息。

描述性统计分析（Descriptive Analysis）主要是对样本基本资料的分析，本书对样本企业性质、联盟组合规模以及联盟组合伙伴的行业分布进行描述性统计，便于我们对样本数据的认识更加清晰明确。相关分析（Correlation Analysis）是研究变量之间是否存在某种依存关系，并对具体有依存关系的变量探讨其相关方向以及相关程度，研究随机变量之间相关关系的一种统计方法，用来判断两个变量之间线性关系的强弱程度和方向。

在对二手数据进行分析处理时，需要从混合回归模型、固定效应的变截距模型、随机效应的变截距模型中确定本书适用的模型类型。通常来说，需要经过以下步骤：①利用 F 统计检验确定采用混合回归模型还是固定效应的变截距模型，当 F 统计量显著时，回归模型采用固定效应的变截距模型。②采用 LM 统计量检验以确定采用混合回归模型还是随机效应的变截距模型。在拒绝原假设的情况下则表明随机效应存在，面板数据就不能作为混合回归模型。③采用 Hausman 检验确定应利用固定效应的变截距模型还是随机效应的变截距模型。如果在给定显著水平条件下统计量 W 的值大于临界值，那么回归模型选择固定效应模型；如果小于临界值，则采用随机效应模型。经检验，本书选择 GLS 随机效应模型对研究假设进行验证。

需要特别指出的是，由于本书因变量有部分是比例值（在 0 和 1 之间），本书在统计回归前通过反正弦平方根进行统一转换（Bartlett，1947；Baum et al.，2005）。

（五）内生性问题控制

当自变量跟误差项相关的时候，就发生内生性的问题（Hamilto & Nickerson，2003；Bascle，2008；Antonakis et al.，2010；Semadeni et al.，2014）。内生性问题对统计结果有很大的威胁，然而战略管理领域乃至管理学领域对其仍然不够重视。Antonakis 等（2010）统计了 10 年中 110 篇相关发表于顶级期刊上的领导力文章，发现真正认真处理这些广义效度相关的文章不到 10%（刘洋，2014）。目前战略管理研究者越来越重视内生性问题。

内生性问题主要来源包括四个方面，即遗漏变量、同源偏差、测量误差和互为因果，本书针对每种来源都采取相应的措施进行一定的控制。首先，同源偏差方面。同源偏差（Common Method Biases）指的是因为同样的数据来源或评分者、同样的测量环境、项目语境以及项目本身特征所造成的预测变量与效标变量之间人为的共变。这种人为的共变对研究结果产生严重的混淆并对结论有潜在的误导，是一种系统误差（Podsakoff et al.，2003；Chang et al.，2010；Siemsen et al.，2010）。本书数据虽然是同一来源，但是由于是企业客观数据的收集，经过严格的多个人员的检查，同源偏差对本书的威胁可以忽略。其次，遗漏变量方面。遗漏变量偏误经常被称作未观察到偏误（Unobservablebias）、隐藏偏误（Hidden Bias）、紊乱问题（Confounding Problem）抑或未观察到的异质性问题（Unobserved Heterogeneity）。本书根据文献，尽量控制企业层面的多个变量，尽量避免遗漏变量的出现。再次，测量误差。如前测量相关内容所述，本书根据文献，尽量选取较有针对性的代理指标。最后，互为因果。本书覆盖所有样本2001~2010年的数据，通过采用因变量滞后一年的方法对这个问题进行控制。另外，本书通过进一步加强理论论述来规避这一问题。

总之，本书从内生性问题来源的四个方面对这一问题进行控制，以最大可能减少内生性问题对本书结论的影响。

三、数据初步处理

（一）描述性统计

为了从整体上了解样本企业的特征以及主要研究变量的整体表现情况，本节对样本企业联盟组合的规模、行业分布、企业所有制属性等变量进行描述性统计分析，结果如下：

表4-3　样本联盟组合规模的分布

联盟组合规模（个）	频数	频率（%）	累计频率（%）
200以下	3092	76.38	76.38
201~400	483	11.93	88.32
401~600	233	5.76	94.07
601~800	123	3.04	97.11
801~1000	79	1.95	99.06
1000以上	38	0.94	100

1. 样本企业联盟组合规模

联盟组合规模是反映企业联盟组合的重要指标。如表4－3所示，其中200个以下规模的联盟组合所占比例最大，为76.38%；其次是由201～400个企业组成的联盟组合，所占比例为11.93%；最后是由601个以上企业组成的联盟组合共占5.93%。

2. 样本企业联盟组合的行业多样化程度

如表4－4所示，样本企业联盟组合的行业多样化程度在20个以下的所占比例为15.79%，其中企业联盟组合行业数为21～40个的所占比例为31.27%，行业属为41～60个、61～80个和81个以上的企业联盟组合所占比例分别为19.39%、15.34%和18.21%。

表4－4　样本企业联盟组合的行业多样化程度的描述性统计

行业多样化程度（个）	频数	频率（%）	累计频率（%）
20以下	639	15.79	15.79
21～40	1266	31.27	47.06
41～60	785	19.39	66.45
61～80	621	15.34	81.79
81以上	737	18.21	100

3. 样本企业所有制属性

如表4－5所示，样本企业中共有个体工商户366家，所占比例最高，为73.79%，其次为国有企业，共77家，占总量的15.52%；民营企业和混合所有制企业所占比重分别为10.08%和0.6%。

（二）回归三大问题检验

为了保证正确使用多元线性回归模型并得出科学的结论，需要检验回归模型是否存在多重共线性、序列相关和异方差三大问题；在不存在这些问题的前提下，回归模型的结果才具有稳定性与可靠性（马庆国，2002）。

在此，本书对回归三大问题分别进行检验。

表 4-5 样本企业所有制类型分布

所有制类型	频数	频率（%）	累计频率（%）
国有企业	77	15.52	15.52
民营企业	50	10.08	25.6
个体工商户	366	73.79	99.4
混合所有制	3	0.6	100

1. 多重共线性问题检验

所谓多重共线性（Multicollinearity），是指线性回归模型中的解释变量之间由于存在精确相关关系或高度相关关系而使模型估计失真或难以估计准确。目前常用的多重共线性诊断方法有自变量的相关系数矩阵 R 诊断法、方差膨胀因子（VIF）诊断法、容忍值（Tolerance，简记为 Tol）法、多元决定系数值诊断法、条件数与特征分析法等。

一般来说，当 $0<F<10$ 时，不存在多重共线性；当 $10\leqslant F<100$ 时，存在较强的多重共线性；当 VIF$\geqslant$100 时，存在严重多重共线性。经检验，本书各回归模型的 VIF 指数均大于 0 且小于 10，因此，可以判定本书解释变量之间不存在多重共线性问题。本书根据方差膨胀因子（VIFs）来判断是否有多重共线性的威胁，结果显示（均小于 2）多重共线性对结果影响可忽略。

2. 序列相关问题检验

序列相关指不同期的样本值（不同编号的样本值）之间存在相关关系，通常可用 Durbin - Watson 值（DW 值）来判断（马庆国，2002）。一般可以认为，当 DW 值介于 1.5 ~ 2.5 时，则模型不存在序列相关。经检验，本书各回归模型的 DW 值均非常接近于 2。因此，可以判定本书各模型中不存在序列相关问题。

3. 异方差问题检验

异方差问题是指随着解释变量的变化，被解释变量的方差存在明显的变化趋势（不具有常数方差的特征），通常可用散点图进行判断（马庆国，2002）。以标准化预测值为横轴，以标准化残差为纵轴，进行残差项的散点图分析，若散点分布呈现无序状态，则可认为不存在异方差。经检验，本书各模型的散点图均呈无序状。因此，可以判定本书各模型均不存在异方差问题。

本书的样本数据是面板数据，于是，我们需要对面板数据应该选择何种模型进行分析（应瑛，2014）。在进行面板数据模型选择时，首先要确定应该选择固定效应模型还是随机效应模型。这两种模型的差异主要反映在对“个体效应”的处理上，随机效应模型把个体效应设定为干扰项的一部分，所以就要求解释变量与个体效应不相关，而固定效应模型并不需要这个假设条件。因此，如果我们的检验结果表明该假设满足，那么就应该采用随机效应模型，因为它更为有效；反之，就需要采用固定效应模型。

固定效应和随机效应的选择是大家做面板数据常常要遇到的问题，一个常见的方法是做 Huasman 检验，即先估计一个随机效应，然后做检验。如果拒绝零假设，则可以使用固定效应；反之，如果接受零假设，则使用随机效应。本书使用 Stata 软件对样本进行 Hausman 检验，发现结果未拒绝原假设，因此本书采用随机效应模型。本书采用 GLS 的随机效应模型对样本数据进行统计分析。

（三）相关分析

变量之间存在相关关系是进行回归分析的前提。因此，在回归分析之前，先对回归涉及的所有变量进行简单相关分析。结果如表 4 - 6 所示，解释变量社会预期、历史预期及控制变量企业性质都分别与被解释变量联盟组合的伙伴维度、结构维度和关系维度有不同程度的显著相关性，这初步验证了本书假设，后文将采用回归分析方法对这些变量之间的影响机制

表 4-6　均值、标准差以及 Pearson 相关矩阵（$N=4080$）

Variables	1	2	3	4	5	6	7	8	9	10	11	12	13	14	15	16
1. region	1															
2. industry	0.021	1														
3. size	0.025	0.796 ***	1													
4. weak	0.019	0.019	0.02	1												
5. new	0.168 ***	0.005	0.026 *	-0.038 **	1											
6. SA	-0.046 ***	-0.014	-0.012	-0.001	-0.043 ***	1										
7. SA	-0.028 *	-0.027 *	-0.030 *	0.053 ***	-0.162 ***	-0.300 ***	1									
8. HA1	-0.036 **	-0.02	-0.024	0.007	-0.057 ***	0.883 ***	-0.341 ***	1								
9. HA1	-0.027 *	0.028 *	0.031 **	0.013	-0.024	0.031 **	-0.081 ***	-0.063 ***	1							
10. HA2	-0.031 *	-0.015	-0.019	0.015	-0.043 ***	0.775 ***	-0.321 ***	0.960 ***	-0.058 ***	1						
11. HA2	-0.037 **	0.031 **	0.038 **	0.008	-0.01	0.160 ***	-0.106 ***	-0.051 ***	0.804 ***	-0.062 ***	1					
12. HA3	-0.028 *	-0.011	-0.013	0.022	-0.034 **	0.688 ***	-0.298 ***	0.892 ***	-0.052 ***	0.977 ***	-0.057 ***	1				
13. HA3	-0.038 **	0.036 **	0.041 ***	0.000	-0.007	0.219 ***	-0.130 ***	-0.016	0.645 ***	-0.060 ***	0.946 ***	-0.060 ***	1			
14. own1	-0.013	-0.059 ***	-0.062 ***	-0.065 ***	-0.031 *	0.048 ***	-0.032 **	0.019	0.015	0.021	0.015	0.021	0.015	1		
15. own2	-0.011	0.01	0.014	0.003	-0.051 ***	0.152 ***	-0.058 ***	0.121 ***	0.005	0.108 ***	0.032 **	0.097 ***	0.044 ***	-0.140 ***	1	
16. own3	0.032 **	0.049 ***	0.053 ***	0.054 ***	0.048 ***	-0.132 ***	0.026	-0.085 ***	-0.008	-0.078 ***	-0.024	-0.071 ***	-0.032 **	-0.685 ***	-0.535 ***	1
Mean	42.344	48.248	162.342	49.733	52.290	3.105	3.105	2.468	0.252	1.768	0.392	1.448	0.512	0.152	0.099	0.723
S.D.	14.237	27.296	220.010	8.765	11.314	12.776	2.513	7.198	1.362	5.545	2.028	4.875	2.554	0.359	0.298	0.447

注：*** $p<0.01$，** $p<0.05$，* $p<0.1$。

做更为精确的验证。

根据研究整理，表4－6显示了本书各变量的均值、标准差以及Pearson相关系数。

四、实证结果与讨论

（一）回归分析

从表4－7的回归结果中可以看出，企业的绩效预期结果无论是收益还是亏损，都与联盟组合伙伴的地理维度选择存在显著的负相关关系。企业的社会预期绩效（当社会预期绩效 >0）与联盟组合中非本地伙伴的比例的回归系数为 -0.064（$p<0.01$）。这说明当企业的社会预期绩效是收益时，收益值对联盟组合非本地伙伴比例的负向影响显著。那么，当企业的绩效高于企业的社会预期时，企业收益越多，企业越倾向于选择本地合作伙伴。因此，H1a成立。同样，企业的历史预期绩效（当历史预期绩效 >0）与联盟组合中非本地伙伴比例的回归系数（$\alpha=0.25$；$\alpha=0.5$；$\alpha=0.75$）分别为 -0.074（$p<0.05$）、-0.084（$p<0.05$）、-0.087（$p<0.1$）。这说明当企业的历史绩效预期是收益时，收益值对联盟组合非本地伙伴比例的负向影响显著。那么，当企业的绩效高于企业的历史预期时，企业收益越多，企业越倾向于选择本地合作伙伴。因此，H1b成立。同时，企业的社会预期绩效（当社会预期绩效 <0）与联盟组合中非本地伙伴比例的回归系数为 -0.236（$p<0.05$）。这说明当企业的社会预期绩效是亏损时，亏损值对联盟组合非本地伙伴比例的负向影响显著。那么，当企业的绩效低于企业的社会预期时，企业亏损越多，企业越倾向于选择本地合作伙伴。因此，H2a不成立。同样，企业的历史预期绩效（当历史预

期绩效<0）与联盟组合中非本地伙伴的比例的回归系数（α=0.25；α=0.5；α=0.75）分别为−0.318（$p<0.1$）、−0.281（$p<0.05$）、−0.222（$p<0.05$）。那么，当企业的绩效低于企业的历史预期时，企业亏损越多，企业越倾向于选择本地合作伙伴。因此，H2b不成立。通过以上实证结果我们不难发现，无论是与行业内其他企业绩效预期相比，还是与企业自身历史绩效预期相比，企业在预期收益的情况时都越倾向于采取相对保守的决策选择，选择本地合作伙伴。

表4-7　绩效预期与非本地伙伴的比例的回归结果（$N=4080$）

变量、	模型1	模型2	模型3		
			α=0.25	α=0.5	α=0.75
控制变量					
企业性质1	3.231** (2.14)	2.985** (1.97)	3.426** (2.27)	3.449** (2.29)	3.441** (2.28)
企业性质2	3.167** (2.02)	3.141** (1.99)	3.521** (2.24)	3.549** (2.26)	3.535** (2.25)
企业性质3	3.938*** (2.77)	3.587** (2.52)	4.063*** (2.86)	4.082*** (2.88)	4.077*** (2.87)
预测变量					
社会预期（>0）		−0.064*** (−3.43)			
社会预期（<0）		−0.236** (−2.51)			
历史预期（>0）			−0.074** (−2.35)		
历史预期（<0）			−0.318* (−1.93)		

续表

变量	模型1	模型2	模型3		
			α=0.25	α=0.5	α=0.75
历史预期（>0）				-0.084** （-2.07）	
历史预期（<0）				-0.281** （-2.54）	
历史预期（>0）					-0.087* （-1.89）
历史预期（<0）					-0.222** （-2.53）
常数项	38.691*** （27.74）	39.915*** （27.22）	38.798*** （27.82）	38.776*** （27.82）	38.763*** （27.81）

注：***p<0.01，**p<0.05，*p<0.1。

从表4-8的回归结果中可以看出，企业的绩效预期结果是亏损时，与联盟组合伙伴的行业维度选择存在显著的相关关系。当企业的绩效预期是收益时，与联盟组合伙伴的关系维度无显著相关关系。具体来说，企业的社会预期绩效（当社会预期绩效>0）与联盟组合中伙伴的行业多样化程度的回归系数为-0.048。这说明当企业的社会预期绩效是收益时，预期收益值对联盟组合伙伴的行业多样化程度比例无显著相关关系。因此，H3a不成立。同样，企业的历史预期绩效（当历史预期绩效>0）与联盟组合伙伴的行业多样化程度的回归系数（α=0.25；α=0.5；α=0.75）分别为-0.08、-0.079和-0.057。这说明当企业的历史绩效预期是收益时，预期收益值对联盟组合伙伴行业多样化程度无显著相关关系。因此，H3b不成立。然而，当企业的绩效预期是亏损时，与联盟组合伙伴的关系维度存在显著相关关系。企业的社会预期绩效（当社会预期绩效<0）与联盟组合伙伴行业多样化程度的回归系数为-0.351（p<0.05）。这说明当企业的社会预期绩效是亏损时，预期亏损值对联盟组合伙伴的行业多样

化程度存在显著负向相关关系。那么，当企业绩效低于社会预期时，企业绩效越低于社会预期，企业越不倾向于选择多行业的伙伴，因此，H4a 不成立。同样，企业的历史预期绩效（当历史预期绩效 <0）与联盟组合中非本地伙伴的比例的回归系数（$\alpha=0.25$；$\alpha=0.5$；$\alpha=0.75$）分别为 0.467、0.382（$p<0.1$）、0.376（$p<0.05$）。这说明当企业的历史绩效预期亏损时，预期亏损值对联盟组合伙伴的行业多样化程度呈正向相关关系。那么，当企业绩效低于历史预期时，企业预期亏损值越大，企业越倾向于选择多行业合作伙伴。因此，H4b 成立。

表 4-8　绩效预期与伙伴行业多样性的比例（$N=4080$）

变量	模型 4	模型 5	模型 6		
			$\alpha=0.25$	$\alpha=0.5$	$\alpha=0.75$
控制变量					
企业性质 1	0.262 (0.09)	-0.251 (-0.09)	0.282 (0.10)	0.215 (0.08)	0.137 (0.05)
企业性质 2	4.936* (1.66)	4.546 (1.52)	5.153* (1.73)	4.964* (1.67)	4.785 (1.61)
企业性质 3	4.907* (1.82)	4.354 (1.61)	4.897* (1.82)	4.856* (1.80)	4.808* (1.79)
预测变量					
社会预期（>0）		-0.048 (-1.37)			
社会预期（<0）		-0.351** (-1.97)			
历史预期（>0）			-0.080 (-1.34)		
历史预期（<0）			0.467 (1.50)		
历史预期（>0）				-0.079 (-1.02)	

续表

变量	模型4	模型5	模型6		
			$\alpha=0.25$	$\alpha=0.5$	$\alpha=0.75$
历史预期（<0）				0.382* （1.82）	
历史预期（>0）					-0.057 （-0.65）
历史预期（<0）					0.376** （2.26）
常数项	44.172*** （14.35）	45.926*** （13.71）	44.233*** （14.59）	44.202*** （14.33）	44.167*** （13.77）

注：*** $p<0.01$，** $p<0.05$，* $p<0.1$。

从表4-9的回归结果中可以看出，企业的绩效预期结果是亏损时，与联盟组合伙伴的结构维度选择存在显著的相关关系。当企业的绩效预期是收益时，与联盟组合伙伴的结构维度无显著相关关系。具体来说，企业的社会预期绩效（当社会预期绩效>0）与联盟组合的网络规模的回归系数为-0.376。这说明当企业的社会预期绩效是收益时，预期收益值对联盟组合的网络规模比例无显著相关关系。因此，H5a不成立。同样，企业的历史预期绩效（当历史预期绩效>0）与联盟组合的网络规模的回归系数（$\alpha=0.25$；$\alpha=0.5$；$\alpha=0.75$）分别为-0.756、-0.756、-0.572。这说明当企业的历史绩效预期收益时，预期收益值对联盟组合伙伴的行业多样化程度无显著相关关系。因此，H5b不成立。然而，当企业的绩效预期是亏损时，与联盟组合伙伴的结构维度存在显著相关关系。企业的社会预期绩效（当社会预期绩效<0）与联盟组合的网络规模的回归系数为-2.893（$p<0.05$）。这说明当企业的社会预期绩效是亏损时，预期亏损值对联盟组合的网络规模存在显著负向相关关系。那么，当企业绩效低于社会预期时，企业绩效越低于社会预期，企业越不倾向于扩大网络规模，因此，H6a不成立。同样，企业的历史预期绩效（当历史预期绩

效<0)与联盟组合的网络规模的回归系数（$\alpha = 0.25$；$\alpha = 0.5$；$\alpha = 0.75$）分别为4.597（$p < 0.1$）、3.890（$p < 0.05$）、3.436（$p < 0.05$）。这说明当企业的历史绩效预期亏损时，预期亏损值对联盟组合的网络规模呈正向相关关系。那么，当企业绩效低于历史预期时，企业预期亏损值越大，企业越倾向于扩大网络规模。因此，H6b成立。

表4-9　绩效预期与网络规模的回归结果（$N = 4080$）

变量	模型7	模型8	模型9		
			$\alpha = 0.25$	$\alpha = 0.5$	$\alpha = 0.75$
控制变量					
企业性质1	14.837 (0.64)	10.530 (0.45)	14.966 (0.65)	14.286 (0.62)	13.750 (0.60)
企业性质2	56.927** (2.37)	53.545** (2.21)	58.937** (2.45)	57.068** (2.37)	55.663** (2.32)
企业性质3	54.514** (2.51)	49.937** (2.29)	54.372** (2.50)	53.950** (2.48)	53.640** (2.47)
预测变量					
社会预期（>0）		-0.376 (-1.32)			
社会预期（<0）		-2.893** (-2.01)			
历史预期（>0）			-0.756 (-1.57)		
历史预期（<0）			4.597* (1.82)		
历史预期（>0）				-0.756 (-1.21)	
历史预期（<0）				3.890** (2.29)	
历史预期（>0）					-0.572 (-0.81)

续表

变量	模型7	模型8	模型9		
			$\alpha=0.25$	$\alpha=0.5$	$\alpha=0.75$
历史预期（<0）					3.436** (2.55)
常数项	115.028*** (4.84)	129.478*** (5.07)	115.621*** (4.74)	115.316*** (4.73)	115.020*** (4.68)

注：*** $p<0.01$，** $p<0.05$，* $p<0.1$。

从表4－10的回归结果中可以看出，企业的绩效预期结果是亏损时，与联盟组合伙伴的关系维度选择存在显著的正向相关关系。当企业的绩效预期是收益时，与联盟组合伙伴的关系维度无显著相关关系。具体来说，企业的社会预期绩效（当社会预期绩效>0）与联盟组合弱关系比例的回归系数不显著异于0。这说明当企业的社会预期绩效是收益时，预期收益值对联盟组合弱关系的比例无显著相关关系。因此，H7a不成立。同样，企业的历史预期绩效（当历史预期绩效>0）与联盟组合弱关系比例的回归系数（$\alpha=0.25$；$\alpha=0.5$；$\alpha=0.75$）均不显著异于0。这说明当企业的历史绩效预期收益时，预期收益值对联盟组合伙伴弱关系的比例无显著相关关系。因此，H7b不成立。然而，当企业的绩效预期是亏损时，与联盟组合伙伴的关系维度存在显著正向相关关系。企业的社会预期绩效（当社会预期绩效<0）与联盟组合弱关系比例的回归系数为0.007（$p<0.01$）。这说明当企业的社会预期绩效是亏损时，预期亏损值对联盟组合的弱关系的比例存在显著正向相关关系。那么，当企业绩效低于社会预期时，企业绩效越低于社会预期，企业越倾向于选择弱关系合作伙伴，因此，H8a成立。同样，企业的历史预期绩效（当历史预期绩效<0）与联盟组合弱关系比例的回归系数（$\alpha=0.25$；$\alpha=0.5$；$\alpha=0.75$）均不显著异于0。这说明当企业的历史绩效预期亏损时，预期亏损值对联盟组合的弱关系的比例无显著相关关系。因此，H8b不成立。

表 4 - 10　绩效预期与弱关系比例的回归结果（N = 4080）

变量	模型 10	模型 11	模型 12		
			α = 0.25	α = 0.5	α = 0.75
控制变量					
企业性质 1	-0.070* (-1.91)	-0.058 (-1.57)	-0.070* (-1.90)	-0.070* (-1.92)	-0.071* (-1.93)
企业性质 2	-0.007 (-0.17)	0.007 (0.17)	-0.006 (-0.15)	-0.007 (-0.19)	-0.008 (-0.22)
企业性质 3	-0.001 (-0.04)	0.010 (0.29)	-0.001 (-0.03)	-0.001 (-0.04)	-0.002 (-0.05)
预测变量					
社会预期（>0）		0.000 (0.49)			
社会预期（<0）		0.007*** (3.04)			
历史预期（>0）			-0.000 (-0.24)		
历史预期（<0）			-0.000 (-0.01)		
历史预期（>0）				0.000 (0.29)	
历史预期（<0）				-0.000 (-0.08)	
历史预期（>0）					0.001 (0.85)
历史预期（<0）					-0.001 (-0.32)
常数项	3.908*** (95.25)	3.874*** (90.80)	3.908*** (90.00)	3.907*** (95.11)	3.907*** (100.32)

注：*** $p<0.01$，** $p<0.05$，* $p<0.1$。

从表 4 - 11 的回归结果中可以看出，企业的绩效预期结果无论是收益还是亏损时，与联盟组合的新伙伴的选择都存在显著的负相关关系。具体来说，企业的社会预期绩效（当社会预期绩效 >0）与联盟组合中新伙伴比例的回归系数为 -0.081（$p<0.01$）。这说明当企业的社会预期绩效是收益时，预期收益值对联盟组合新伙伴的比例存在显著负相关关系。那么，当企业绩效高于社会预期时，企业绩效越高于社会预期，企业越倾向于选择"老朋友"。因此，H9a 成立。同样，企业的历史预期绩效（当历史预期绩效 >0）与联盟组合中非本地伙伴比例的回归系数（$\alpha=0.25$；$\alpha=0.5$；$\alpha=0.75$）分别为 -0.081（$p<0.01$）、-0.075（$p<0.05$）、-0.064（$p<0.1$）。这说明当企业的历史绩效预期收益时，预期收益值对联盟组合新伙伴的比例存在显著负相关关系。那么，当企业绩效高于历史预期时，企业绩效越高于社会预期，企业越倾向于选择"老朋友"。因此，H9b 成立。然而，当企业的绩效预期是亏损时，与联盟组合的关系维度存在显著负相关关系。企业的社会预期绩效（当社会预期绩效 <0）与联盟组合中新伙伴比例的回归系数为 -0.893（$p<0.01$）。这说明当企业的社会预期绩效是亏损时，预期亏损值对联盟组合新伙伴的比例存在显著负相关关系。那么，当企业绩效低于社会预期时，企业绩效越低于社会预期，企业越倾向于选择原有合作伙伴，因此，H10a 不成立。同样，企业的历史预期绩效（当历史预期绩效 <0）与联盟组合中非本地伙伴比例的回归系数（$\alpha=0.25$；$\alpha=0.5$；$\alpha=0.75$）为 -0.218（$p<0.1$）、-0.054、-0.022。这说明当企业的历史绩效预期亏损时，预期亏损值对联盟组合新伙伴的比例呈部分显著负相关关系。因此，H10b 不成立。

表 4-11 绩效预期与新伙伴的比例的回归结果（$N=4080$）

变量	模型 13	模型 14	模型 15		
		new	$\alpha=0.25$	$\alpha=0.5$	$\alpha=0.75$
控制变量					
企业性质 1	-2.796**	-4.229***	-2.614**	-2.678**	-2.713**
	(-2.34)	(-3.58)	(-2.18)	(-2.24)	(-2.26)

续表

变量	模型13	模型14 new	模型15 α=0.25	模型15 α=0.5	模型15 α=0.75
企业性质2	-3.701*** (-2.98)	-5.001*** (-4.06)	-3.340*** (-2.68)	-3.461*** (-2.78)	-3.537*** (-2.84)
企业性质3	-1.636 (-1.45)	-3.066*** (-2.76)	-1.523 (-1.35)	-1.564 (-1.39)	-1.585 (-1.41)
预测变量					
社会预期（>0）		-0.081*** (-5.61)			
社会预期（<0）		-0.893*** (-12.21)			
历史预期（>0）			-0.081*** (-3.24)		
历史预期（<0）			-0.218* (-1.67)		
历史预期（>0）				-0.075** (-2.33)	
历史预期（<0）				-0.054 (-0.62)	
历史预期（>0）					-0.064* (-1.74)
历史预期（<0）					-0.022 (-0.31)
常数项	54.265*** (49.01)	58.671*** (51.26)	54.373*** (49.15)	54.325*** (49.07)	54.303*** (49.04)

注：*** $p<0.01$，** $p<0.05$，* $p<0.1$。

绩效预期与联盟组合的相关研究假设验证的情况如表4-12所示。

表 4－12　绩效预期与联盟组合相关研究假设验证的情况

编号	假设	结论
H1a	当企业绩效高于社会预期时，企业绩效越高于社会预期，企业越倾向于选择本地合作伙伴	支持
H1b	当企业绩效高于历史预期时，企业绩效越高于历史预期，企业越倾向于选择本地合作伙伴	支持
H2a	当企业绩效低于社会预期时，企业绩效越低于社会预期，企业越倾向于选择非本地合作伙伴	不支持
H2b	当企业绩效低于历史预期时，企业绩效越低于历史预期，企业越倾向于选择非本地合作伙伴	不支持
H3a	当企业绩效高于社会预期时，企业绩效越高于社会预期，企业越倾向于选择多行业合作伙伴	不支持
H3b	当企业绩效高于历史预期时，企业绩效越高于历史预期，企业越倾向于选择多行业合作伙伴	不支持
H4a	当企业绩效低于社会预期时，企业绩效越低于社会预期，企业越倾向于选择多行业合作伙伴	不支持
H4b	当企业绩效低于历史预期时，企业绩效越低于历史预期，企业越倾向于选择多行业合作伙伴	支持
H5a	当企业绩效高于社会预期时，企业绩效越高于社会预期，企业越倾向于扩大联盟组合网络规模	不支持
H5b	当企业绩效高于历史预期时，企业绩效越高于历史预期，企业越倾向于扩大联盟组合网络规模	不支持
H6a	当企业绩效低于社会预期时，企业绩效越低于社会预期，企业越不倾向于扩大联盟组合网络规模	不支持
H6b	当企业绩效低于历史预期时，企业绩效越低于历史预期，企业越不倾向于扩大联盟组合网络规模	支持
H7a	当企业绩效高于社会预期时，企业绩效越高于社会预期，企业越倾向于选择强关系合作伙伴	不支持

续表

编号	假设	结论
H7b	当企业绩效高于历史预期时，企业绩效越高于历史预期，企业越倾向于选择强关系合作伙伴	不支持
H8a	当企业绩效低于社会预期时，企业绩效越低于社会预期，企业越倾向于选择弱关系合作伙伴	支持
H8b	当企业绩效低于历史预期时，企业绩效越低于历史预期，企业越倾向于选择弱关系合作伙伴	不支持
H9a	当企业绩效高于社会预期时，企业绩效越高于社会预期，企业越倾向于选择原有合作伙伴	支持
H9b	当企业绩效高于历史预期时，企业绩效越高于历史预期，企业越倾向于选择原有合作伙伴	支持
H10a	当企业绩效低于社会预期时，企业绩效越低于社会预期，企业越倾向于选择新的合作伙伴	不支持
H10b	当企业绩效低于历史预期时，企业绩效越低于历史预期，企业越倾向于选择新的合作伙伴	不支持

（二）结果讨论

1. 绩效预期与联盟组合伙伴维度

本书通过实证分析发现，企业的预期绩效对联盟组合伙伴选择具有显著的影响。当企业预测未来的绩效高于其绩效预期时，无论预期参照值是来自行业内其他企业绩效还是来自其自身历史绩效，企业均会倾向于选择风险性较低、相对保守的伙伴选择行为，即倾向于选择本地的合作伙伴，印证了前景理论中的确定效应（Kahneman & Tversky，1979）。本书的结果表明，当企业预测其未来绩效会低于其历史预期时，企业会更加倾向于成为风险偏好者，采取风险和不确定性相对较高的伙伴选择行为，即倾向于选择跨行业的合作伙伴，增加其伙伴的行业多样性。这一结论符合前景理论中的反射效应（Kahneman & Tverskey，1979）。

同时本书还发现，当企业预测未来绩效低于其绩效预期时，无论参照点是社会预期还是历史预期，企业都会更倾向于选择本地伙伴，而非如反射效应所论证的选择非本地伙伴。本书结果与 Baum 等（2005）研究所得结论并不一致，他们通过绩效反馈模型研究发现企业无论低于或高于其绩效预期，都会倾向于选择非本地合作伙伴。究其原因，主要是两个研究所采用的样本行业差异性较大。Baum 等学者着眼于证券银行业的投资伙伴选择决策，而本书的观测样本为纺织业企业联盟组合构建决策。由于本书分析的样本纺织行业为典型的传统行业，非技术主导型行业，且产业集聚现象明显（吴结兵和郭斌，2010），即使企业对未来绩效预测未能达到预期，企业也不倾向于跨本地搜索新的合作伙伴，而是会受网络嵌入性机制作用，采取与本地伙伴进行利用式创新等工艺改进等方式来提高企业绩效。因此，在这种情况下，企业依然会选择本地合作伙伴构建其联盟组合。同样，当企业预期未来绩效未能达到社会预期时，企业依然会倾向于选择同行业的企业建立合作关系。

另外，本书发现，当企业预测其未来绩效会高于预期值时，预估的收益值与核心企业构建联盟组合的伙伴行业多样化程度无显著相关关系。主要原因可能是由于伙伴多样化程度在不同条件下的影响因素不尽相同，并且受到行业特性的限制。由此，本书认为行业这一情景因素在联盟组合的伙伴选择决策中起重要作用。

2. 绩效预期与联盟组合结构维度

本书的实证研究结果发现，当企业预测其绩效值低于其历史预期值时，预估亏损值越大，企业越倾向于扩大联盟组合的网络规模。正如前景理论中反射效应所提出的，企业预期会亏损时，会倾向于成为风险偏好者，选择扩大网络规模，来提高其获取资源和有价值信息的能力（Kahneman & Tverskey，1979）。通过网络规模的扩大，尽管其面临的风险相对较高，但企业决策者承受着巨大的绩效压力，宁愿承担风险和不确定性，也会选择扩大网络规模以期保证绩效的提升（Baum et al.，2000）。当企业将社会预期作为参照值时，企业则倾向于缩小网络规模。参照值为社会预期，意味着企业与行业内其他企业的绩效进行比较，当低于行业内平均值时，企业则会通过缩小规模来进一步缩减成本，以期提升绩效。同时，本书还发现当企业预测其绩效高于预期值时，预期收益值与企业网络规模的扩大无显著影响。可见，前景理论在解释企业预期收益时的伙伴选择决策存在一定的局限性。对此，George 等（2001）总结为当企业从外部环境感知到的是资源的得失时，企业决策者的行为可以通过前景理论来解释（George et al.，2009；Kim et al.，2014）。

3. 绩效预期与联盟组合关系维度

本书的实证结果表明，当企业预测其绩效低于其社会预期时，预测的亏损值与企业弱关系合作伙伴的比例呈显著正相关。这意味着企业预期亏损时，更倾向于选择冒险行为，采取具有较高风险和不确定的伙伴选择行为，即选择弱关系合作伙伴。这一结论符合前景理论的反射效应（Kahneman & Tverskey，1979），与 Ozcan 和 Eisenhardt（2009）研究中证明的企业为了提高绩效而采取构建弱关系进行探索式搜索的结论相一致。但是，尽管企业预估亏损，但其参照点为自身历史预期而非社会预期时，则预期的亏损值与弱关系伙伴的选择无显著相关关系。究其原因，可通过前景理论的第三个基础理论——参照效应来解释，当企业的预期亏损、但行业内其他企业也同样亏损甚至亏损更多时，企业决策者的压力反而会减少，不会为了提高绩效而采取冒险行为（Kahneman & Tverskey，1979）。换句话说，企业预期值的参照点不同，企业决策者所感知的绩效压力也会有所不同，这一原因同样会影响企业伙伴选择的结果。

研究还发现，当企业预测盈利时，无论参照点是历史预期还是社会预期，企业的预期收益值与弱关系伙伴的比例、新伙伴的比例均无显著相关关系。主要原因可能是当企业预测盈利时，对于弱联盟组合的构建以及新伙伴的选择所带来的非冗余信息和资源的需求并不迫切，更倾向于通过其他方式来保持绩效的稳定增长。但是，当企业绩效预期低于其社会预期时，企业的预期亏损值与新伙伴的比例呈显著负相关，说明前景理论在解释伙伴选择决策时存在一定的局限性。这一结果究其原因应该与传统纺织业的产业集聚倾向密切相关，纺织业企业嵌入在整个产业集群网络中，很大程度上受网络环境的约束更倾向于选择已有伙伴，与已有伙伴的信任基础、合作经验与稳定的互惠预期使企业通过与已有伙伴进行利用式创新，进行产品和工艺的创新，来实现绩效的提升（蔡宁和潘松挺，2008）。

五、本章小结

根据第三章的逻辑框架阐述和理论模型建构，本章主要进行了以下几方面工作：首先，对理论部分提出了一系列研究假设，并通过对研究方法的设定以及变量设计；其次，对样本企业的基本特征和主要变量进行描述性统计，特别刻画了企业绩效预期的不同参照指标以及联盟组合的维度特征；最后，按照规范的实证研究方法对这 20 个研究假设分别进行了实证检验（实证结果见表 4－12）。研究发现，绩效预期通过影响伙伴选择行为，进而影响联盟组合的形成。本章从绩效预期的历史预期和社会预期两个维度验证了与不同维度特征联盟组合的关联关系，并分析讨论了联盟组合形成的微观机制。

第五章　联盟组合的绩效影响研究

根据前面章节提出的研究目的和研究框架，本章对“在不同情境下联盟组合如何影响企业绩效”这一研究问题提出理论假设和研究设计，并对所获取的有效样本数据利用适当的数据处理方法进行分析，从而验证理论分析部分所提出的理论假设是否成立，并对数据统计结果进行解释和讨论。

一、研究假设

（一）联盟组合结构维度与企业绩效

联盟组合的网络规模是联盟组合结构维度的主要特征之一。学者们从企业资源观、社会网络理论等理论视角出发，探讨了在联盟组合配置问题中联盟组合网络规模对联盟组合中核心企业的绩效影响。以往研究将联盟组合的网络规模概念化为一个计量变量，即在一个给定时间段内焦点企业的联盟数量。大部分研究在联盟组合网络规模对企业间绩效差异起重要作用这一研究结论基本一致。但是，对于联盟组合网络规模对绩效的具体作用效果和作用机制尚无定论。

基于对文献综述的总结，大量研究从资源观和组织学习视角解释了联盟组合网络规模对绩效的正向影响以及影响机制。一方面，联盟组合网络规模越大，表明焦点企业的合作伙伴越多。企业较多的联盟伙伴有利于焦点企业降低风险和成本，减少机会主义行为，促使组织学习和有价值知识的获取，从而有助于增加企业绩效。另一方面，联盟组合网络规模越大，表明焦点企业可获取的信息多样化程度越高，促使企业提高认知资源、获取资源、解决问题的能力，因此会带来企业绩效的提高（Shan，1994）。

尽管以往研究从多个理论视角证明了联盟组合网络规模的正向作用，但是本书认为并非过多的联盟数量一定会带来积极的绩效影响。第一，联盟组合网络本身会存在网络风险，这一风险会随着不熟悉知识流的数量增多而增加。第二，联盟数量的增加会带来整合和管理联盟组合难度的增加。第三，随着网络规模的扩大，“搭便车”行为会因此增加，并且很难监控（Deeds & Rothaermel，2003）。另外，联盟组合规模与企业从联盟组合获得的效益之间关系不仅仅需要考虑规模这个单一维度，还应该结合其他配置因素，如联盟组合的伙伴特点，这些因素会影响网络规模与企业绩效的关系。尽管联盟网络规模有限，但是有效的配置和高质量的伙伴也会为企业带来更多的效益和成本的有效性。

综上所述，本书提出以下假设：

H1　联盟组合的网络规模越小，企业绩效越高。

（二）联盟组合关系维度与企业绩效

以往研究关系强度与企业绩效的关系都是从点对层次进行分析，仅仅考虑两者间的关系强弱。本书通过对联盟组合中强弱关系的比例从组合视角分析其绩效影响。在联盟组合层次，企业经常使用大量结构洞构建弱关系和强关系通过加强它们联盟的双面性来加强联盟绩效（Capaldo，2007；Tiwana，2008）。通过弱关系推动企业的资源搜寻，使焦点企业联结到难以接触到的知识领域，增加联盟组合的多样性，促进并加速创新，同时弱关系有可能帮助企业占据结构洞位置，形成“弱关系的力量”（Granovetter，1983），与此同时，构建强关系联盟，利用“强关系的优势”（Krackhardt，1992）促进企业绩效的提升（Rowley et al.，2000）。这些充分体现了从联盟组合视角分析联盟组合内强弱关系的组合对企业绩效的必要性。

与传统社会网络研究强调“强关系的优势”不同，本书认为弱关系所扮演的角色较强关系重要得多。强关系的特点为亲密性、周期性和信任关系，被视为有价值的竞争工具，可以促进交易的合作规范，促进细节信息的传递转移，鼓励焦点企业与其伙伴间的互惠，促进其通过协议共同解决问题（Burt，1992；Uzzi，1997；Ahuja & Lampert，2001）。而且由于强关系的可靠性，其有助于减少环境不确定性、促进企业的稳定发展（Geletkanycz & Hambrick，1997；Gulati & Westphal，1999）。然而，由强关系构成的过度稳定的网络会阻碍企业探索新的机会，进而可能阻碍网络的扩张（Burt，1992；Uzzi，1997；Ahuja & Lampert，2001）。尤其是在剧烈的环境变化下，强联盟组合可能会引起网络锁定，造成致命的影响。如 Uzzi（1997）发现，网络嵌入性有利于社会交易，但是嵌入性的悖论也会对经济绩效产生不利影响。

正如 Grannovetter（1983）关于弱关系的早期经典研究《弱关系的力量》一文中提出，弱关系会提供异质性信息，可以通过较低的成本维护伙伴间关系。弱关系的优势也被大量学者广泛研究。因为弱关系比强关系更可能为不同的组织成员构建桥梁，所以嵌入在弱关系中的企业处于更有利的搜索位置，更可能从其合作伙伴获得非冗余信息和多样化信息（Hansen，1999；Rowley et al.，2000）。同时，弱关系的维系成本比强关系低得多（Uzzi，1997；Wassmer & Dussauge，2012）。相对于强关系，嵌入在弱关系中的企业投入特定关系资产的风险也可以避免（Uzzi，1997）。

另一个联盟组合关系维度的重要方面是伙伴的熟识程度。本书认为，在分析联盟组合主体间关系维度时，不仅需要关注主体间关系的强度，还有必要关注与伙伴的熟悉程度。Li 等（2008）在研究不同联盟战略目标下的研发伙伴选择、治理结构和确定联盟范围问题时，提出了将研发伙伴根据具备联盟经验程度分为朋友、熟人、陌生人。研究发现，在一定的情境下，熟人更倾向于选择和陌生人进行研发合作。同样地，在联盟组合研究中，对于核心企业来说，选择不同熟识程度的伙伴也会带来不同的绩效影响。新的伙伴虽然对于核心企业来说缺乏熟识度，但是企业选择新的伙伴，更有利于获得异质性信息和多样化的资源，增加自身获取有价值的资源和信息的能力。选择已有伙伴，由于已建立良好的信任程度和合作经验，在提高合作效率的同时，可以避免不确定性的风险，但是不利于获取异质性知识和信息。而且长期与已有伙伴合作，不与新伙伴构建合作关系，会导致核心企业过度嵌入已有的联盟组合中，导致网络“锁定”（Uzzi，1997），进入网络陷阱（吴结兵和郭斌，2010）。

综上所述，本书提出以下假设：

H2 联盟组合中弱关系比例越高，企业绩效越高。

H3 联盟组合中新伙伴比例越大，企业绩效越高。

（三）联盟组合伙伴维度与企业绩效

从联盟组合的主体维度出发，分析联盟组合伙伴的行业特征和地域特征与企业绩效的关联关系。首先，从资源基础观视角出发，认为伙伴产业、地域和组织类型的多样性会为核心企业提供广泛的资源学习效应，有利于企业获取多样化的资源和异质性的信息，从而有助于企业绩效的提升（Jiang et al.，2010；Baum et al.，2000）。其次，伙伴企业多样性的增加会提升核心企业的吸收能力与联盟组合管理能力，有助于促进湿度差异化的多种企业的资源交易，对企业的绩效会产生正向影响。也有学者提出，企业随着绩效预期与当前绩效的差值越大，企业越倾向于选择非本地的合作伙伴，为了获得较高的绩效，宁愿承担风险和不确定性因素（Baum et al.，2005）。

然而，管理和控制多样化的伙伴的确会使核心企业增添额外的复杂性和协调成本（Goerzen & Beamish，2005），并且行业和地域多样化程度高的企业对核心企业联盟组合管理能力提出了更高的要求，多样化程度过高的伙伴企业不利于核心企业的有效管理和控制。也有学者在研究联盟组合多样性与企业绩效关系时，发现成员多样性与绩效呈倒“U”形关系。因此，企业不断提高自身联盟组合管理和控制能力的条件下，伙伴多样化程度的增加有助于企业绩效的提升。

综上所述，本书提出以下假设：

H4　联盟组合中非本地伙伴比例越高，企业绩效越高。

H5　联盟组合中伙伴多样化程度越高，企业绩效越高。

（四）环境动态性的调节作用

随着社会网络理论的发展，学者们逐渐注意到影响企业绩效的并不仅仅是企业所在的联盟组合网络本身，还取决于重要的情境因素（彭新敏，2009；孙晶，2012）。因此，本小节将聚焦于环境动态性这一情景因素对联盟组合不同维度特征的绩效影响，并揭示其内在作用机制。环境动态性指产业中创新和变化的速度以及对竞争者和客户行为预测的不确定性（Mille & Friesen，1978），是环境不确定性的众多决定因素之一（Achrol & Stem，1988）。许多学者对于转轨经济时期中国企业所处的环境特征给予了极大的兴趣（宝贡敏和徐碧祥，2006）。Luo（1999）引用 Dess 和 Beard（1984）的三种环境维度来研究处于转轨期的中国市场，认为中国市场具有复杂、动态和宽松的特性，即不但市场竞争激烈、不稳定性高，并且因为需求发展迅速，市场仍在不断成长和扩大。

1. 对联盟组合结构维度绩效影响的调节作用

在高动态性环境下，市场力量对企业决策和绩效的影响作用将会越来越大。正如 Peng（2003）所说，随着新兴经济体变得越来越具有竞争性，曾被认为是推动商业成功的网络和关系与绩效的关联程度会受外在情境因素的调节。在竞争激烈的市场上，网络关系对协调规模较大和范围较广的交易的作用将会减弱。虽然网络关系在小的、区域性市场上具有重要作用（Uzzi，1997），但是随着市场规模和范围的扩大，通过网络关系来协调或禁止信息的处理和实施可能会越来越困难（Peng，2003），例如，距离使得合作双方难以有效沟通和监控对方行为，并由此降低关系的效用；同样，当企业通过网络关系来管理巨大的交易时，它也会发现越来越难以监控偏离的行为。上述这些网络局限性会随着环境动态性提高而不断增加获取有价值信息和资源的成本和困难。企业规模范围越大，意味着管理网络伙伴的成本也越来越高，而核心企业可以获得有价值的渠道会受到阻碍。因此，在高动态性环境下，企业可能会更加倾向于通过减少网络伙伴数量来提高获取有价值的信息和资源的能力，以应对环境变化对企业带来的绩效冲击。

综上所述，本书提出以下假设：

H6　环境动态性越高时，网络规模对绩效的负向效应增强。

2. 对联盟组合关系维度绩效影响的调节作用

企业处于稳定的市场需求和技术发展环境之中时，由于市场需求变动和技术发展缓慢，组织面临的问题多为结构性问题，可以利用原有的政策解决这些问题，实现组织预期的目标。相反，当市场需求变动和技术发展呈现急剧动态性特征时，企业将会面临大量的非结构性问题，原有的政策和知识的价值与作用将随着这种急剧变化迅速贬值（Achrol，1991；Glazer，1991），难以帮助企业赢得市场竞争优势。

当企业处于市场需求剧烈变动时，不仅核心企业即将面临非结构性问题，而且联盟组合伙伴也会在急剧动态性的环境中试图改变原有的网络结构来赢得市场竞争优势。那么，在环境不确定性较高时，管理和控制大量新的关系或弱关系的联盟组合对于核心企业来说难度增加，对核心企业的联盟组合管理能力提出了更高的要求。因此，为了应对剧烈的环境变化，核心企业需要集聚更多的力量提升自身的竞争优势，而增加新的伙伴或构建弱关系伙伴并不再像以前那么重要。在激烈竞争的市场上，具有新伙伴和弱关系比例较高的联盟组合网络关系不断增加核心企业利用关系的成本和困难，且对核心企业竞争优势的提升和绩效的增加并未起显著正向作用。因此，在高动荡环境下，企业更倾向于通过构建以强关系为主或以“老朋友”为主的联盟组合（Koka & Prescott，2008），促进核心企业进行利用式学习，并集中资源和能力来应对环境不确定性带来的风险和危机，不断提升自身绩效水平。

综上所述，本书提出以下假设：

H7 环境动态性越高时，弱关系的比例对绩效的正向效应减弱。

H8 环境动态性越高时，新伙伴的比例对绩效的负向效应增强。

3. 对联盟组合伙伴维度绩效影响的调节作用

企业处于稳定的市场需求和技术发展环境之中时，有大量跨行业的伙伴企业不但可以保证获得非冗余信息和异质性资源，它们还可以利用网络信息多元性进行网络内知识的组合和重组，从而加强新技术的开发。这种对新技术、管理、新产品和市场的探索使得有行业多样化程度高的伙伴企业联盟组合能够促进核心企业利用环境动态变化带来的机会。因此，在高环境动态性时，企业可以通过增加联盟组合中伙伴企业的多样化程度更好地利用竞争，优势基础的变动，更有效地在新环境中竞争，以提高绩效（Heide & John，1990；Stump & Heide，1996）。

综上所述，本书提出以下假设：

H9 环境动态性越高时，伙伴多样化程度对绩效的正向影响增强。

在稳定的环境下，构建较多的非本地伙伴关系有助于企业获取异质性资源和非冗余信息，有利于企业通过组织学习获得探索式创新，从而带来绩效的提升（Hansen，1999）。构建非本地伙伴关系有利于企业获得新的解决问题的方法和途径，同时，跨地区的伙伴搜索行为会为企业构建“结构洞”这一优势地位提供更多的机会，有利于提高企业控制和管理资源的能力和权利。然而，在高动态环境下，企业通过构建网络关系而带来的绩效提升作用会随着剧烈变化的环境而减弱。在剧烈的环境变化下，企业为了规避过高的风险，反而会选择通过与本地伙伴进行产品和工艺的创新等利用式战略的实施，做出更加明智的伙伴选择决策。核心企业通过增强或构建与本地伙伴企业合作关系，可以节省探索式搜寻伙伴和资源的成本，并且来自相同地域的伙伴企业更容易建立和增强相互之间的信任和互惠程度，可以进一步提高核心企业的绩效。因此，在高环境动态性下，以本地伙伴关系为主的联盟组合的构建和维系会更加有利于企业绩效的提升。

综上所述，本书提出以下假设：

H10　环境动态性越高时，非本地伙伴的比例对绩效的负向效应增强。

本书基于对联盟组合的形成机制分析提出研究假设，如图 5－1 所示。

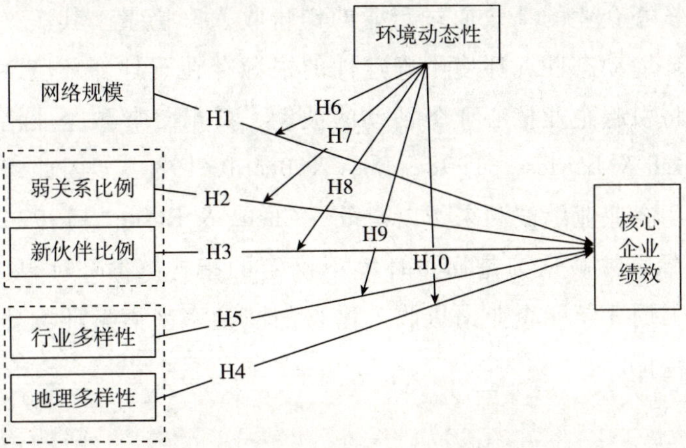

图 5－1　实证研究假设框架

二、研究方法

如同“后结构范式下联盟组合形成研究”，本书选取了 2001～2010 年浙江省绍兴县 506 家纺织业企业为样本来检验所有假设。本书收集的企业样本是大型的纺织业制造企业，包括化纤、轻纺、服装、家纺、经编、印染、纺织机械等纺织业企业。研究选择纺织业企业数据主要是由于我国纺织业所展现的强大的竞争优势，以及其所具备的多样化的联盟组合维度特征。其中，企业网络主体的确认和网络关系数据都来源于国税数据库系统，由于国税数据具有权威性和客观性，研究能够客观真实地反映出企业联盟组合网络的形成和演化过程。具体的样本选择、数据收集、变量测量以及数据分析方法请参见第四章研究方法。

这里重点补充本部分研究的因变量和调节变量及其测度。首先，联盟组合中核心企业的绩效通过企业的销售收入来衡量。其次，本书的调节变量为环境动态性，环境不确定性的根源存在于外部环境，而外部环境的变化将引起企业核心业务活动的波动，并最终导致企业销售收入的波动（Bergh & Lawless，1998；Dess & Beard，1984）。因此，环境不确定性可以用企业业绩波动来予以衡量（Cheng & Kesner，1997）。销售收入的标准差通常被认为是衡量环境不确定的指标（Tosi et al.，1973）。因此，本书用3年的企业销售收入增长的波动率来衡量环境动态性这一调节变量指标。

三、数据初步处理

（一）描述性统计

1. 样本企业联盟组合规模

联盟组合规模是反映企业联盟组合的重要指标。如表5－1所示，其中200个以下规模的联盟组合所占比例最大，为76.38%；其次是由201～400个企业组成的联盟组合，所占比例为11.93%；最后是由601个以上的企业组成的联盟组合共占5.93%。

表 5-1　样本联盟组合规模的分布

联盟组合网络规模（个）	频数	频率（%）	累计频率（%）
200 以下	3092	76.38	76.38
201~400	483	11.93	88.32
401~600	233	5.76	94.07
601~800	123	3.04	97.11
801~1000	79	1.95	99.06
1000 以上	38	0.94	100

2. 样本企业联盟组合的行业多样化程度

如表 5-2 所示，样本企业联盟组合的行业多样化程度在 20 个以下的所占比例为 15.79%，其中企业联盟组合行业数为 21~40 个的所占比例为 31.27%，行业属为 41~60 个、61~80 个和 81 个以上的企业联盟组合所占比例分别为 19.39%、15.34% 和 18.21%。

表 5-2　样本企业联盟组合的行业多样化程度的描述性统计

行业多样化程度（个）	频数	频率（%）	累计频率（%）
20 以下	639	15.79	15.79
21~40	1266	31.27	47.06
41~60	785	19.39	66.45
61~80	621	15.34	81.79
81 以上	737	18.21	100

3. 联盟组合企业所有制属性

如表 5-3 所示，样本企业中有个体工商户 366 家，所占比例最高，为 73.79%，其次为国有企业，共 77 家，占总量的 15.52%；民营企业和混合所有制企业所占比重分别为 10.08% 和 0.6%。

表 5－3　样本企业所有制类型分布

所有制类型	频数	频率（%）	累计频率（%）
国有企业	77	15.52	15.52
民营企业	50	10.08	25.6
个体工商户	366	73.79	99.4
混合所有制	3	0.6	100

（二）回归三大问题检验

为了保证正确使用多元线性回归模型并得出科学的结论，需要检验回归模型是否存在多重共线性、序列相关和异方差三大问题；在不存在这些问题的前提下，回归模型的结果才具有稳定性与可靠性（马庆国，2002）。在此，本书对回归三大问题分别进行检验。验证方法同第四章数据初步处理部分，经检验，本书回归模型均通过了多重共线性、序列相关和异方差三大问题的检验。

（三）相关分析

变量间存在相关关系是进行回归分析的前提。因此，在回归分析之前，先对回归涉及的所有变量进行简单相关分析。结果如表 5－2 所示，解释变量社会预期、历史预期及控制变量企业规模都分别与被解释变量伙伴选择行为的地理维度和关系维度有不同的显著相关性，调节变量环境动态性也分别与各解释变量及被解释变量有显著相关关系，这初步验证了本书假设，后文将采用回归分析方法对这些变量之间的影响机制做更为精确的验证。

根据研究整理，表 5－4 显示了本书各变量的均值、标准差以及 Pearson 相关系数。

表 5－4　均值、标准差以及 Pearson 相关矩阵（$N=4080$）

	Mean	S. D.	1	2	3	4	5	6	7	8	9
1. performance	66	158	1								
2. industry	48.248	27.296	0.044 ***	1							
3. weak	49.733	8.765	0.052 ***	0.019	1						
4. region	42.344	14.237	-0.009	0.021	0.019	1					
5. new	52.290	11.314	-0.032 **	0.005	-0.038 **	0.168 ***	1				
6. size	162.342	220.010	0.014	0.296 ***	0.02	0.025	0.026 *	1			
7. own1	0.152	0.359	0.004	-0.059 ***	-0.065 ***	-0.013	-0.031 *	-0.062 ***	1		
8. own6	0.099	0.298	0.009	0.01	0.003	-0.011	-0.051 ***	0.014	-0.140 ***	1	
9. own7	0.723	0.447	-0.011	0.049 ***	0.054 ***	0.032 **	0.048 ***	0.053 ***	-0.685 ***	-0.535 ***	1

注：*** $p<0.01$，** $p<0.05$，* $p<0.1$。

四、实证结果与结论

（一）回归分析

从表 5－5 的回归结果中可以看出，联盟组合的结构维度与企业绩效存在显著的负相关关系，联盟组合的关系维度和伙伴维度与企业绩效存在显著的正相关关系。联盟组合结构维度与企业绩效的回归系数为－0.067（$p<0.01$），这说明联盟组合结构维度对企业绩效存在显著负向影响，那么联盟组合网络规模越大，企业绩效越低，则 H1 成立。联盟组合弱关系的比例与企业绩效的回归系数为 0.030（$p<0.1$），这说明弱关系组合对企业绩效的正向影响显著。那么，联盟组合弱关系数量越多，企业绩效越高，则 H2 成立。同样，联盟组合新伙伴比例与企业绩效的回归系数为－0.029（p<

0.1)，这说明联盟组合新伙伴比例对企业绩效存在显著负向影响，那么，联盟组合新伙伴比例越大，企业绩效越低，则 H3 不成立。同时，联盟组合非本地伙伴的比例与企业绩效的关系不显著，那么，未能证明联盟组合非本地伙伴比例越大，企业绩效越高，则 H4 不成立。同样，联盟组合伙伴多样化程度与企业绩效的回归系数为 0.092（$p<0.01$），这说明联盟组合伙伴多样化程度与企业绩效的正向作用显著。那么，联盟组合伙伴多样化程度越高，企业绩效越高，则 H5 成立。

表 5－5　环境动态性对联盟组合绩效影响调节作用的回归系数（$N=4080$）

变量	模型 1	模型 2	模型 3	模型 4	模型 5	模型 6	模型 7	模型 8
控制变量								
企业性质 1	-0.022 (-0.21)	-0.021 (-0.20)	-0.020 (-0.29)	-0.029 (-0.42)	-0.021 (-0.30)	-0.022 (-0.31)	-0.023 (-0.33)	-0.028 (-0.41)
企业性质 2	-0.002 (-0.02)	-0.011 (-0.10)	-0.063 (-0.86)	-0.059 (-0.82)	-0.065 (-0.88)	-0.067 (-0.92)	-0.067 (-0.92)	-0.064 (-0.89)
企业性质 3	-0.037 (-0.37)	-0.042 (-0.43)	-0.071 (-1.08)	-0.079 (-1.20)	-0.072 (-1.09)	-0.076 (-1.14)	-0.078 (-1.18)	-0.081 (-1.25)
预测变量								
行业多样化		0.092*** (3.57)	0.055*** (3.17)	0.051*** (3.01)	0.054*** (3.17)	0.050*** (2.92)	0.051*** (2.98)	0.054*** (3.21)
环境动态性			0.762*** (61.77)	0.716*** (65.32)	0.748*** (71.83)	0.741*** (70.85)	0.714*** (64.24)	0.720*** (57.29)
行业多样化×环境动态性							0.088*** (7.86)	0.148*** (7.26)
弱关系比例		0.030* (1.88)	0.028*** (2.71)	0.030*** (2.87)	0.029*** (2.81)	0.029*** (2.81)	0.029*** (2.78)	0.024** (2.36)
弱关系比例×环境动态性			-0.031** (-2.26)					-0.094*** (-6.43)
网络规模		-0.067*** (-2.61)	-0.036** (-2.11)	-0.034** (-2.00)	-0.037** (-2.13)	-0.030* (-1.76)	-0.032* (-1.89)	-0.038** (-2.24)

续表

变量	模型1	模型2	模型3	模型4	模型5	模型6	模型7	模型8
网络规模×环境动态性						0.087 *** (4.76)		-0.108 *** (-3.46)
非本地比例		-0.005 (-0.33)	-0.003 (-0.26)	-0.003 (-0.29)	-0.003 (-0.31)	-0.002 (-0.20)	-0.003 (-0.28)	-0.006 (-0.55)
非本地比例×环境动态性					-0.039 *** (-2.82)			-0.050 *** (-3.59)
新伙伴比例		-0.029 * (-1.80)	-0.020 * (-1.93)	-0.025 ** (-2.42)	-0.021 * (-1.96)	-0.020 * (-1.92)	-0.020 * (-1.86)	-0.024 ** (-2.29)
新伙伴比例×环境动态性				-0.130 *** (-8.51)				-0.113 *** (-7.08)
常数项	0.030 (0.27)	0.035 (0.34)	0.062 (0.95)	0.066 (1.02)	0.062 (0.95)	0.064 (0.98)	0.064 (0.99)	0.068 (1.06)

注：*** $p<0.01$，** $p<0.05$，* $p<0.1$。

表5-5给出了环境动态性对联盟组合各个维度特征与企业绩效调节作用的分析结果。其中，模型2用来分析联盟组合网络规模、组合关系强度、组合新伙伴的比例、非本地伙伴的比例、伙伴的多样化程度对企业绩效影响的主效应，控制变量为企业的所有制形式，解释变量为联盟组合网络规模、组合关系强度、组合新伙伴的比例、非本地伙伴的比例、伙伴的多样化程度和环境动态性，各模型的因变量均为企业绩效。模型3在模型2中所含解释变量的基础上添加了环境动态性对联盟组合中弱关系比例的调节作用的交互项（弱关系比例×环境动态性）；模型4在模型2中所含解释变量的基础上添加了环境动态性对联盟组合新伙伴的比例的调节作用的交互项（新伙伴的比例×环境动态性）；模型5在模型2中所含解释变量的基础上添加了环境动态性对联盟组合非本地伙伴比例的调节作用的交互项（非本地伙伴的比例×环境动态性）；模型6在模型2中所含解释变量的基础上添加了环境动态性对伙伴的多样化程度的调节作用的交互项（伙伴的多样化程度×环境动态性）；模型7在模型2中所含解释变量的基础上添加了环境动态性对联盟组

合网络规模的调节作用的交互项（网络规模×环境动态性）。

对比模型8与模型2可以看出，增加了环境动态性与联盟组合各个维度特征的交互项，模型7中R^2值的显著意义提高0.23。从模型8中可以看出，环境动态性对联盟组合网络规模与企业绩效的关系有显著的调节作用，具体来说，网络规模与环境动态性交互项的回归系数为-0.108（$p<0.01$），意味着当环境动态性越高时，联盟组合网络规模对企业绩效的负向影响越显著，因而H6成立。联盟组合的弱关系比例与环境动态性交互项的回归系数为-0.094（$p<0.01$），表明环境动态性对联盟组合弱关系比例与企业绩效的正向效应减弱。因而H7成立。同样，联盟组合的新伙伴比例与环境动态性交互项的回归系数为-0.113（$p<0.01$），表明随着环境动态性的提升，联盟组合新伙伴比例对企业绩效的负向效应显著增强，则H8成立。同时，非本地伙伴比例与环境动态性交互项的回归系数为-0.050（$p<0.01$），则H9成立。伙伴多样化程度与环境动态性交互项的回归系数为0.148（$p<0.01$），意味着随着环境动态性的提升，伙伴多样化程度对企业绩效的正向效应显著增强，则H10成立（见表5-6）。

表5-6 假设验证情况

编号	假设	结论
H1	联盟组合网络规模越小，企业绩效越高	支持
H2	联盟组合中弱关系比例越高，企业绩效越高	支持
H3	联盟组合中新伙伴比例越大，企业绩效越高	不支持
H4	联盟组合中非本地伙伴比例越高，企业绩效越高	不支持
H5	联盟组合中伙伴多样化程度越高，企业绩效越高	支持
H6	环境不确定性越高时，网络规模对绩效的负向影响增强	支持
H7	环境不确定性越高时，弱关系的比例对绩效的正向效应减弱	支持
H8	环境不确定性越高时，新伙伴的比例对绩效的负向效应增强	支持
H9	环境不确定性越高时，伙伴多样化程度对绩效的正向影响增强	支持
H10	环境不确定性越高时，非本地伙伴的比例对绩效的负向影响增强	支持

（二）结果讨论

1. 联盟组合不同维度与企业绩效

有趣的是，本书进一步验证了网络规模与企业绩效并非呈正相关关系。恰恰相反的是，网络规模越大，企业绩效会随之降低。主要原因是网络规模的扩大，还会产生扩大规模、增加伙伴数量所需的成本和压力。另外，网络规模的扩大仅仅是伙伴数量的增加，而增加的伙伴质量如何，我们很难保证。伙伴的质量至关重要，量的取胜并非意味着绩效的提升，而应该在增加量的同时，注重质的积累，即联盟组合网络规模和伙伴的质量会共同影响企业绩效（Weller et al.，2014；Park et al.，2014）。

通过实证结果我们发现，联盟组合弱关系比例与企业绩效的关系正如我们所预期的，两者之间呈正相关关系。可见，企业应该充分利用弱关系的力量（Granovetter，1983），构建以弱关系为主的联盟组合，从而提升企业绩效。然而，研究表明，构建以新伙伴为主的联盟组合并非如我们所愿获得高绩效，反而会降低企业的绩效。究其原因，可能与本书的样本来自纺织业企业有关，纺织业企业的本地集聚现象明显（吴结兵和郭斌，2010），劳动密集程度较高，通过与本地伙伴的合作可以有效地提升核心企业的效益，而开拓新的市场、构建新的伙伴关系对于纺织业企业来说，需要负担额外的成本，并伴随较高的风险。因此，选择新伙伴并不会对企业绩效产生正向作用。

对于联盟组合伙伴多样化程度与企业绩效的关系，本书发现它们呈显著正向相关关系，和我们的预期相同。伙伴多样化程度越高，联盟组合越可以帮助核心企业提升获取有价值信息和异质性信息和资源的能力，促进企业通过组织学习、资源获取以及能力提升来进一步提高绩效（Wuyts & Dutta，2014）。本书的研究结论与 Jiang 等（2010）对于联盟组合多样性与企业绩效关系研究所得结论一致。本书还发现，联盟组合内非本地伙伴的比例对企业绩效并无显著的影响。究其原因，单一的非本地伙伴比例可能对核心企业绩效不会产生显著的作用效果，两者的关系可能会受外部情境因素的调节。的确，在不同的情境下，联盟组合的不同特征对绩效的影响会有所不同。

2. 环境动态性的调节作用

由上述分析结果可知，H6 通过的检验（0.108，p<0.01），相比于稳定的环境，在环境动态性较高时，网络规模对企业绩效的负向作用增强，如图 5-2 所示。

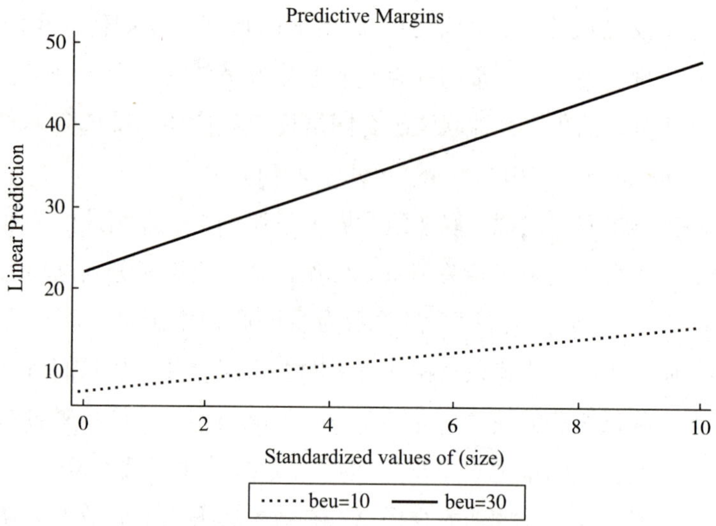

图 5-2　环境动态性对网络规模与企业绩效的调节作用

这一研究结论意味着在高动态环境下，企业为更好地提升绩效可能会减少合作伙伴的数量。究其原因，随着环境动态性的增加，消费者的需求和竞争者的行为都对企业提出了巨大的挑战，在这种情况下，尽管增加网络规模可以在一定程度上缓解不确定性带来的冲击，但是扩大网络规模带来的巨大的管理和经营成本也不利于企业的绩效提升。另外，在环境不确定性较高时，企业通过维持已有的网络规模或减少网络规模，集中更多的资源和精力来管理现有的联盟组合，稳固关系、增强信任，将现有的资源最大化利用，确保绩效的提高。

由上述分析结果可知，H7 通过了验证（-0.094，p<0.01），相比于稳

定的环境，在环境动态性较高时，弱关系对绩效的正向影响减弱，如图5－3所示。

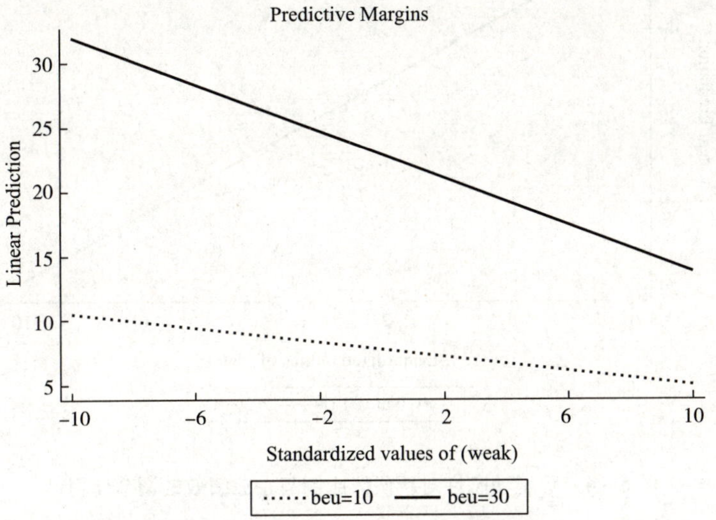

图5－3 环境动态性对弱关系比例与企业绩效的调节作用

这一研究结论意味着在剧烈变化的环境下，企业为了更好地提高绩效可能会减少弱关系的比例。可能的原因在于，随着环境动态性的增加，尽管增加或建立弱关系的合作伙伴关系可以有助于企业构建有利的网络位置，从而减少这种不确定性带来的不利影响，但是，寻找新的行业合作伙伴需要更多的管理成本，同时，与较多的弱关系伙伴建立合作关系对核心企业的联盟组合管理能力提出新的挑战，而现阶段，企业应集中资源和能力通过对已有联盟组合的管理和巩固来提升自身的绩效水平。同理，H8 通过了验证（-0.113，$p<0.01$），对新伙伴的搜索和联盟关系的建立也面临着与拓展伙伴的行业相同的情况，企业更倾向于与“老朋友”合作，巩固已有的联盟组合网络来降低风险和不确定带来的负面影响，保证企业自身绩效的提升。因此，企业在环境动态性较高时，非本地伙伴的比例对绩效的负向作用会增强，如图5－4所示。

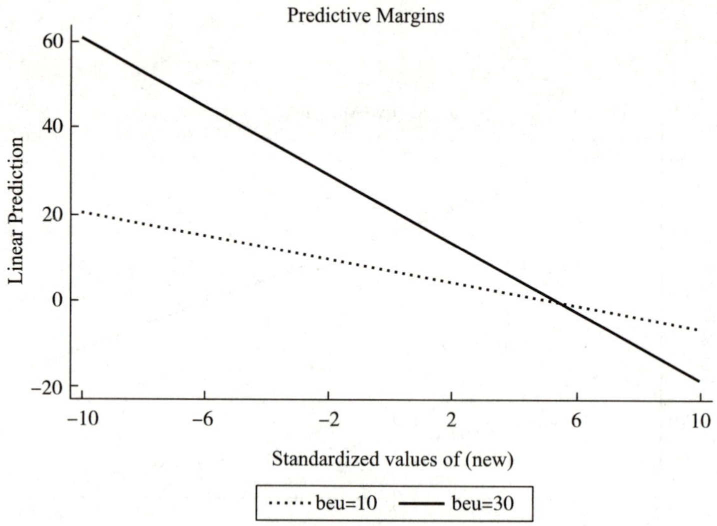

图 5－4　环境动态性对新伙伴比例与企业绩效的调节作用

研究结果表明，H9 通过了验证（－0. 050，p＜0. 01），即环境动态性对伙伴多样化程度与企业绩效的正向效应显著性增强，如图 5－5 所示。企业会通过进一步增加伙伴的多样化程度来增强自身获取多样化资源和异质性信息的渠道，并不断提高企业自身的吸收能力和对有价值信息资源的控制能力，从而获得竞争优势。H10 通过了验证（0. 148，p＜0. 01），意味着随着环境动态性的提升，非本地伙伴的比例对企业绩效的负向效应增强，如图 5－6 所示。两个假设证明了环境动态性对联盟组合伙伴维度与企业绩效的关系都具有增强的效果。

总而言之，环境动态性对联盟组合不同维度特征与企业绩效的关系中起重要的调节作用。通过对这一调节作用进行理论和实证的分析，有助于我们利用环境动态性的调节作用，便于核心企业构建不同维度特征的联盟组合，以制定明智的联盟组合配置战略，最终带来绩效的提升。

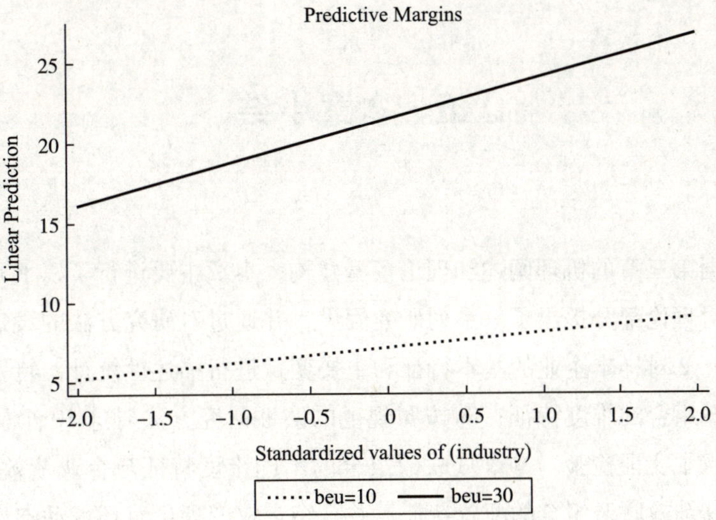

图 5 – 5　环境动态性对伙伴多样化程度与企业绩效的调节作用

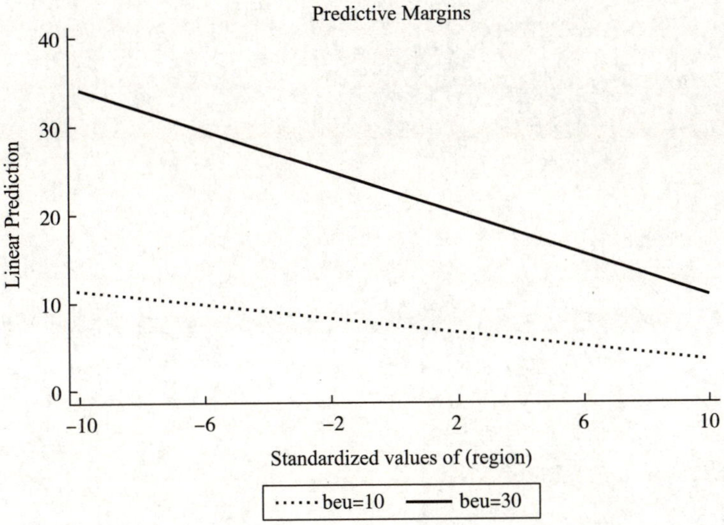

图 5 – 6　环境动态性对非本地伙伴比例与企业绩效的调节作用

五、本章小结

根据第三章的机理阐述和理论模型建构，本章主要进行了以下几部分工作：①对理论部分提出了一系列研究假设，并通过对研究方法的设定以及变量设计；②对样本企业的基本特征和主要变量进行描述性统计，特别刻画了企业联盟组合的维度特征；③按照规范的实证研究方法对这 10 个研究假设分别进行了实证检验。本章从联盟组合的不同维度特征与企业绩效的影响，分析了高绩效联盟组合的配置特征，并且结合权变理论对环境动态性对联盟组合与企业绩效作用关系的调节作用进行了验证。

第六章　联盟组合的动态演化：纵向案例研究

已有文献强调联盟组合对企业绩效的重要性，包括获取多样化信息收益（Rowley et al.，2000）、降低企业的竞争潜力（Baum et al.，2000）、增加组合合法性和组织声誉（Stuart et al.，1999）。然而，对于理解关系形成和网络改变十分重要的联盟组合的前因研究却鲜少被关注（Gulati，2007；Ozcan & Eisenhardt，2009）。更重要的是，以往研究忽略了网络嵌入性机制和战略行动的相互作用。[①]

一方面，针对关系形成和网络演化，社会网络理论对于嵌入性企业的关系形成和网络演化提供了一个重要的解释（Gulati，1995；Gulati & Gargiulo，1999）。大量研究表明，因为企业间关系的嵌入性属性，企业更可能与之前网络中有直接或间接联系的企业形成联系（Walker et al.，1997；Chung et al.，2000；Li & Rowley，2002）。另一方面，战略选择的视角表明企业可以通过自身的战略行动积极主动地构建其网络（Emirbayer & Goodwin，1994；Ozcan & Eisenhardt，2009）。尤其是最近一些关于远距离关系形成的研究表明，新伙伴或者弱嵌入性伙伴的友谊关系在某种程度上解释了在伙伴选择中行为者的主体性作用（Baum et al.，2005；Li et al.，2008；Rosenkopf & Padula，2008；Ahuja et al.，2009）。

① 在笔者参加 SMS Conference（美国战略管理学年会）的过程中，不少国外学者咨询关于中国企业联盟组合演化研究数据来源的问题，并分享了很多见解，从中可以看出他们对该问题的关注。

为了填补这一理论缺口，本书试图通过解释在联盟组合动态演化过程中主体性和网络嵌入性的作用来探究联盟组合和战略行动之间的关系。更具体地说，本书关注两个相关的研究问题。首先，在企业的发展过程中，其战略行动和网络嵌入性是如何共同影响其联盟组合形成的；其次，战略行动在联盟组合演化的不同阶段有何不同作用。本书基于纵向案例研究，构建了一个共同演化模型，从网络嵌入性和主体性两个视角，来分析联盟组合和战略行动的相互作用机制。

本书结构安排如下，基于对相关文献的回顾本书提出研究方法，进而对中国一家领先制药企业 30 多年来如何构建和管理其联盟组合进行纵向案例分析。随后，讨论网络嵌入性和行动者主体性在其共同演化过程中的相互机制，并提出研究命题。最后，阐明研究结论、理论贡献及其研究局限，并在此基础上提出未来的研究方向。

一、理论基础

（一）联盟组合

联盟组合是指企业一系列直接关系的集合，例如焦点企业的个体中心联盟网络（Das & Teng，2000；Ozcan & Eisenhardt，2009）。之前的研究一般从联盟组合的结构维度和关系维度对其进行分析（Gulati，1999；Rowley et al.，2000；Hoffmann，2007；Fieldstad et al.，2012）。本书从联盟组合的关系维度出发，将联盟组合分为强关系组合和弱关系组合。根据 Capaldo（2007）提出的强弱关系的测量，关系强度可以通过时间维度、资源维度和社会维度来定义，具体通过关系的持续时间、合作频率以及焦点企业与其伙伴的合作强度来衡量。

强关系的特点为亲密性、周期性和互惠，被视为有价值的竞争工具，可以促进交易的合作规范，促进细节信息的传递转移，鼓励焦点企业与其伙伴间的互惠，促进其通过协议共同解决问题（Burt，1992；Uzzi，1997；Ahuja & Lampert，2001）。而且，由于强关系的可靠性，其有助于减少环境不确定性、促进企业的稳定发展（Geletkanycz & Hambrick，1997；Gulati & Westphal，1999）。然而，由强关系构成的过度稳定的网络会阻碍企业探索新的机会，进而可能阻碍网络的扩张（Burt，1992；Uzzi，1997；Ahuja & Lampert，2001）。尤其是在剧烈的环境变化下，强联盟组合可能会引起网络锁定，造成致命的影响。如 Uzzi（1997）发现，网络嵌入性有利于社会交易，但是嵌入性的悖论也会对经济绩效产生不利影响。

正如 Grannovetter（1983）关于弱关系的早期经典研究《弱关系的力量》一文中提出，弱关系会提供异质性信息，可以通过较低的成本维护伙伴间关系。弱关系的优势也被大量学者广泛研究。因为弱关系比强关系更可能为不同的组织成员构建桥梁，所以嵌入在弱关系中的企业处于更有利的搜索位置，更可能从其合作伙伴获得非冗余信息和多样化信息（Hansen，1999；Rowley et al.，2000）。同时，弱关系的维系成本比强关系低得多（Uzzi，1997；Wassmer & Dussauge，2012）。相对于强关系，嵌入在弱关系中的企业投入特定关系资产的风险也可以避免（Uzzi，1997）。相应地，弱关系也可能由于知识转移问题、缺乏信任和伙伴关系的持久性而导致效率的降低（Hansen，1999；Rowley et al.，2000）。

（二）联盟组合的形成与演化

以往研究一般强调联盟网络演化的决定性观点，认为企业网路是外生地决定相互依存关系，并具有路径依赖的特点。大量研究表明，由于企业间关系的嵌入性本质，企业与已有网络中存在直接和间接关系的企业更可能形成未来的联系（Gulati，1995；Walker et al.，1997；Chung et al.，2000；Li & Rowley，2002）。这一逻辑遵循网络嵌入性可以减少进入新伙伴的风险和不确定性，通过提供有价值的信息，如潜在伙伴的特殊能力和可靠性，来促进新的连接（Podolny，1994）。这些有价值的信息可以帮助焦点企业掌握新的关系机会，并提高与现有伙伴和潜在伙伴的信任程度（Gulati，1995）。

也就是说，大量网络演化研究倾向于强调伙伴选择和网络稳定性机制中的惰性（Chung et al.，2000；Li & Rowley，2002）。从网络惰性的视角，关系是在熟悉的和友好的企业中建立起来的，从而使网络演化向更加自我复制、路径依赖和相对的稳定的方向发展（Kim et al.，2006）。这样的关系特点和网络演化可能是一个可接受的范式。然而，网络惰性视角的缺陷也是一个自我验证的结果。事实上，网络经常改变，为了更好地理解网络持续的改变过程，需要一个伙伴选择理论来拓展已有的网络演化中被广泛认同的驱动力理论。

因此，除资源依赖和网络嵌入性的网络驱动因素外，网络动态性的分析应该包括一类新的因素，就是行动者的主体性。主体性是指行动者的动机，以及行动者通过创造有利的连接，断开不利的连接来构建网络结构关系的能力（Ahuja et al.，2012）。实际上，在之前的研究中，主体性被认为是理所当然的，在结构主义范式下，企业会进行风险规避。相反，在真实的世界中，主体性是因本质不同而异质的，因此，对于我们理解网络演化十分必要。正如 Emirbayer 和 Mische（1998）提出，网络作为人类主体性的结果，承载着成员对过去状态的记忆认知，也包括他们对未来状态的期许。因此，他们之间的行动者和相互依赖对于整体网络结构十分重要（Parkhe et al.，2006）。

目前，有许多研究通过探究远距离关系形成来关注网络改变和与新进入者或者弱嵌入的企业的伙伴关系（Baum et al，2005；Li et al.，2008）。结果让我们关注到在伙伴选择过程中行动者主体性的重要作用（Rosenkopf & Padula，2008；Ahuja et al.，2009）。关于远距离关系（Baum et al.，2005；Li et al.，2008）形成的研究发现，企业动机（较高的绩效预期和更高的探索式创新目标）会导致企业选择陌生人而非朋友和熟人。同样，对于新进入者的伙伴选择研究表明，较高的嵌入性企业会倾向于选择新的进入者或弱嵌入的企业来探索利益、进行更好的交易（Rosenkopf & Padula, 2008；Ahuja et al.，2009）。

（三）联盟组合和企业战略的关系

在战略管理领域，越来越多的研究关注联盟网络对企业绩效的重要性。关于合资企业（Harrigan，1985；Kogut，1988）、战略供应网络（Jarillo，1988；Dyer & Singh，1998）、联盟中的学习机制（Hamel et al.，1989）和企业间信任（Gulati，1995；Zaheer & Venkatraman，1995）的研究已经从多理论视角、多分析层次对联盟网络进行分析。总之，联盟网络被认为是“为企业提供了潜在的信息、资源、市场和技术的获取渠道，提供了学习和规模经济的优势，允许企业获得战略目标，例如分享风险、价值链的外包和组织功能”（Gulati et al.，2000）。

此外，作为网络后果研究的一部分，一些研究指出企业联盟组合对其战略的影响。Dittrich 等（2007）基于 IBM 企业的案例研究发现，联盟组合对促进大规模战略转变起着重要作用。通过与网络中新伙伴建立联系并与已有伙伴减少联系，IBM 成功从电脑制造工作转变为软件企业、服务提供商，从中也可以看出联盟网络可以用来克服战略惰性（Dittrich et al.，2007）。

从战略选择视角，Hoffmann（2007）指出，联盟组合可以被视为一种网络战略，一方面，企业的适应性行为有利于维持企业战略与其资源禀赋间较好的匹配，另一方面，可以改变环境条件。基于西门子 1990～1999 年两个业务单元的案例研究，Hoffmann（2007）发现，管理者根据市场权变性来调整其联盟组合，在不确定的市场环境下维系许多弱关系，随着市场逐渐稳定，创建较少的强关系。同样，在 Ozcan 和 Eisenhardt（2009）对 6 家网络游戏公司的案例研究发现，企业通过提倡构建行业愿景来激发企业与多种类型的伙伴建立联系，从而创造高绩效联盟组合。上述研究表明，与网络中两者的相互依赖和社会嵌入性相反，主体性和战略行动在联盟组合形成中起着十分重要的作用。

尽管已有研究强调企业战略对联盟组合单边的影响，很少有研究关注两者之间完整的共同演化过程。因此，我们的研究试图探究战略行动和联盟组合之间的互动关系，通过纵向案例研究，旨在发现两者相互作用过程中的潜在机制。

二、研究方法

（一）案例选择

单案例研究作为一种研究方法关注在单一情境下其动态的变化过程，适合分析单位为一系列行动系统的研究，而不是单一个体（Eisenhardt，1989；Yin，2002）。单案例研究作为纵向案例研究，对同一案例不同时期的重复观察是一个研究相关变量随着时间变化的好方法（Yin，2002）。个案研究的方法有助于捕捉和追踪管理实践中涌现出来的新现象和新问题，如果设定理想的时间间隔对案例进行深入剖析，将有助于反映待研究案例在不同阶段的变化情况，能够更好地检视研究框架中提出的问题（Pettigrew，1990；Chakravarihy & Doz，1992）。因此，本书采用纵向单案例研究方法进行理论模型解释验证和进一步深化探讨，时间作为其内嵌的一个变量。在本书中，我们通过纵向案例研究去分析一家中国领先制药企业——浙江海正药业有限公司（以下简称海正药业）1981～2010 年 30 年的联盟组合和战略行动的共同演化过程。

（二）数据收集

本书的数据来自二手资料和实地访谈。海正药业的数据通过两个时期收集完成。研究团队在 2007～2008 年和 2013 年 7 月与被访者保持持续的联系。在采访调研期间，收集了企业的公开数据和企业保密二手文件中与海正药业联盟组合和战略行动相关的资料。其中，一手资料是指企业手册、公司年报、战略计划文件和公司内部材料。二手资料包括行业报告、统计年鉴、媒体公开发行和出版资料和网络文章。本书通过多种数据收集方法对三角验证法的协同效应进行研究（Jick，1979）。

研究团队的成员对核心企业的被访者进行深入访谈。大多数被访者均参与了部分或企业近30年完整的发展过程。采访是通过录音记录并在后期进一步整理访谈记录。访谈是通过面对面的采访进行的，每一次采访都持续2~3个小时，一些被访者会被采访多次。具体访谈时间如表6-1所示。为了确保访谈数据的真实性，本书通过三角验证法，即两位成员同时对原始被访资料的录音记录和访谈记录进行整理，同时使用访谈记录表。两个研究者对同一个受访者进行访谈，其中一个人负责访谈，另一个人负责记录。

表6-1　访谈时间

被访者	被访者职位	访谈时间（小时）	访谈日期
BY	董事长	2	2007年11月
DJQ	董事长助理	3	2007年11月
YKS	研发中心主任	4	2007年11月
MQ	企业战略部经理	6	2007年11月至2008年1月
BY	董事长	3	2013年7月
JL	战略与财务副总	2	2013年7月
LJL	研发中心经理	2	2013年7月
WHB	企业战略部经理	2	2013年7月
ZZR	台州国资委主任	3	2013年7月

（三）方法选择

案例研究分析采用的是分析归纳逻辑，通过不断地比较经典的实例来进一步扩展和加强已有理论的方法（Yin，2002）。与列举归纳仅仅依赖于统计方法去产生单一的、聚集的和稳定的规则不同，分析归纳是一种通过与重要的经典案例不断进行比较来扩展和强化已有理论的方法（Glaser & Strauss，1967）。

具体来说，数据是通过如下步骤进行分析的。首先，我们通过文献回顾，基于案例研究的基本模型构建了一个可验证的模型。其次，通过对文献研究和数据分析两条路径交换并行的研究方法，指导案例的数据收集和分析过程（Danneels，2007）。在数据被编码和分类后，被代入最初的模型中，来对观察数据和通过理论预测的结果进行比较，确定研究缺口（Yin，2002）。再次，在提出现象的假设性解释后，本书建立一个整体关系模型。最后，我们通过类别匹配方法在实证数据和可能的理论构念间不断地匹配，最终来评判案例数据和模型的匹配程度（Eisenhardt，1989；Yin，2002）。

（四）不同阶段的划分

本书通过企业的效率和效益定量地分析核心企业的财务绩效。通过劳动生产率和净资产收益率来衡量企业效率和效益。采用每五年劳动生产率和净资产收益的平均值来代表每个阶段的值。另外，已剔除通货膨胀波动率在衡量劳动生产率。

观测时间是从1980～2010年，共分为6个阶段。每个阶段为5年，这样进行阶段划分有两个主要原因，第一，国家制订五年计划来指导其发展方向。相应地，不同行业和不同地区也有相应的五年计划。同样，制药行业也有其五年发展规划，因此，5年被定为研究时间区间划分的依据。第二，海正药业是一家上市公司，5年一般被定为一个战略周期。为了确认阶段划分的可靠性，我们也咨询了相应的两位行业专家，这种划分方法也得到了他们的一致认可。①

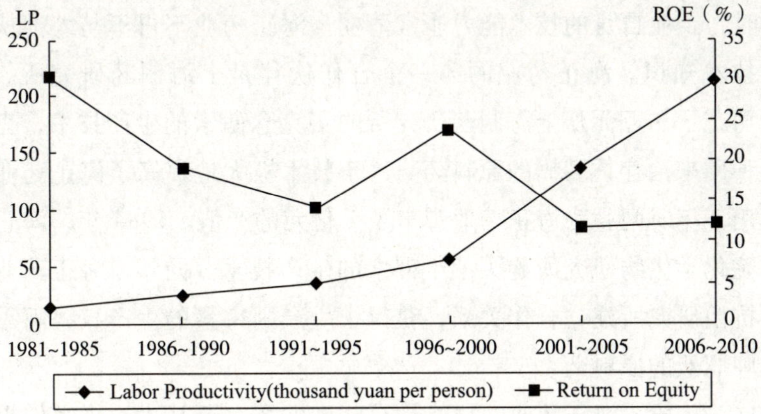

图 6 - 1　海正药业的效率和效益（1981 ~ 2010 年）

三、案例分析

（一）第一阶段（1981 ~ 1985 年）

海正药业最初是一家小型化工厂，名为海门化工厂，在 1978 年前主要生产樟脑丸。随着中国改革开放，中国的经济体制从计划经济转为市场经济，海门化工厂逐渐转向制药行业寻求新的机会。正如海正药业的 CEO 白总所说："为了一个更好的未来，我们必须成为第一个吃螃蟹的人……

① 有关案例阶段的划分，笔者通过 SMS 年会中与 Andrew Delios、Jane Lu 教授交流和学习，并结合中国的实际国情，明确了划分方法。合理的阶段划分有利于深入探究联盟组合的动态演化过程与规律。

我们决定开发制药产品，因为中国的制药行业是较早向海外开放市场的行业，政府放松了行业规制。”

当时，企业自身的技术能力非常薄弱。海正药业不得不与外部伙伴合作获得技术知识。海正药业的第一个合作伙伴是上海制药研究所。1981年，公司花了9万元从上海制药研究所购买克念菌素的生产技术，克念菌素是一种用来治疗抗肿瘤的原料药。这个技术极大地提高了海正药业的利润，仅用2年时间就为海正药业带来了1亿元的产值。1984年，海正药业从中科院化学生物研究所购买了土霉素的生产技术。同年，海正药业与四川工业抗菌研究所建立合作关系，获得了生产阿霉素的生产权，阿霉素是一种抗肿瘤药的原料药。

在这一阶段，海正药业的战略是寻找和购买制药技术，将它们投入生产。因为海正药业自身的技术和生产能力十分薄弱，海正药业选择进入原料药的市场，生产生物制药的基本原料。它的伙伴主要是研究机构和大学，这些机构有更丰富的制药知识基础。如图6-2所示，海正药业与它的合作伙伴的关系均为弱关系。作为一个新进入者，海正药业仅仅与它们建立了联系，从合作伙伴处购买了原料药的生产技术。这样的弱关系将它和制药行业的行为者联系到一起，使海正药业从一个化工厂成功转化为一个制药公司。最后，海正药业的效益得以大幅度提升。1985年，海正药业的净资产收益率为1981年的2倍，在这一阶段，平均净资产收益率增长30%，如图6-1所示。

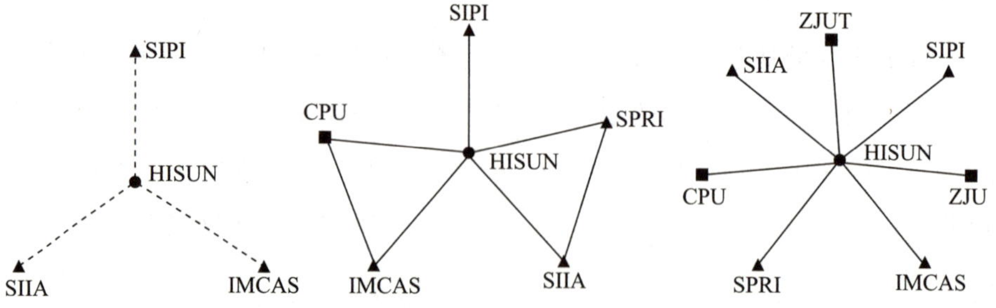

图6-2 海正药业的联盟组合（1981~1995年）

注：▲代表研究机构；●代表企业；■代表高校。

（二）第二阶段（1986～1990年）

克念菌素的早期成功和土霉素产品使得海正药业在原料药市场的竞争力日益增加，其注意力逐渐转向原料药技术的发展战略、工艺改进，以及适应已有的生产方法。正如白总在“七五”计划期间（1986～1990年）就海正药业的发展战略所述：

“我们必须改进工艺创新的能力，发展科学技术成果的工业化生产，持续领先于原料药市场，尤其是在抗肿瘤药物的市场份额……”

1987年，海正药业花费2000万元建立了新的工厂，每年生产6.6千克克念菌素，并提高了在研发方面的投入和工艺创新能力。在生产工艺更新后，克念菌素的产量从6%增加到33%，提取纯度从90%增加到95%。另外，生产成本减少了30%。据统计，海正药业1990年的效率为1985年的2倍。

同时，海正药业通过不断地合作增强了与已有伙伴的关系。为了提高生产过程和组织效率，海正药业需要与合作伙伴进行更深入的合作和更频繁的互动。例如，在生产克念菌素的工艺创新过程中，海正药业的技术员工发现他们需要来自上海化学研究所更加细致的生产信息。然后，海正药业将自己的技术人员派到上海化学研究所去学习参观，并邀请专业研究人员到上海化学研究所去培训。因此，海正药业与上海化学研究所建立了更加强大的关系，双方共同改进了克念菌素的产值和纯度。

之前的成功合作经验，也提高了海正药业和其伙伴间的信任和互惠程度，可以减少未来合作的风险，因此提高了其伙伴在未来联系中的兴趣（Kogut，1988；Gulati，1995）。正如YKS，海正药业的研发中心主任在描述与SIIA的强关系时所说：“尽管合同已经到期，SIIA并未将阿霉素的生产技术转移给他人，我们会继续补偿它……我们认为合作中的信任是最重要的。因此，我们建立了长期的合作关系。”

除了共同研发，海正药业与其合作伙伴的关系也通过第三方伙伴关系而增强。在这一阶段，海正药业通过老伙伴的推荐，与一些新的合作伙伴建立了联系。例如，中医药大学与上海农药研究所是通过中科院化学研究所和SIIA的推荐，建立了联系。拥有共同的第三方合作关系可以增加海正药业与其合作伙伴的信任。结果，海正药业的联盟组合逐步从弱关系组合演化为强关系组合。

（三）第三阶段（1991～1995年）

历经10年的发展，海正药业已经成为抗肿瘤药物原料药的领先生产商。在WHO推荐的24种最有效的抗肿瘤基本药物中，海正药业的阿霉素等5个品种名列其中，成为全球抗生素抗肿瘤药物品种最齐全、档次最高的企业之一。同时，中国的制药产业在20世纪90年代迅速扩张，产业出口毛利率从1990年的3920亿元上升到2000年的23320亿元。相应地，制药业制造商的数量也显著增加。根据2013年《中国统计年鉴》，在1978～1991年这段时期，仅仅有136家原料药生产商的新创企业。到1992～2000年，新创企业数量已增加至595家。

面对日益激烈的竞争，海正药业尝试着充分利用原料药领域的研发经验。正如海正药业董事长所说："为了战胜竞争者，我们必须提高研发投入，加强与研究机构的合作，扩张我们的生产规模，使之成为一家更高端、更大的企业。"

在这一阶段，企业最重要的技术前沿为与SPRI进行阿氟霉素和阿法菌素的合作开发。通过这两种新产品，海正药业进入农药原料药的市场，扩大了海正药业的生产规模。基于克念菌素的生产改进经验，海正药业大幅度提高了阿氟霉素和阿法菌素的生产效率。因此，海正药业在国际市场也具有一定的竞争力。1995年，阿氟霉素91.86%的国内出口和阿法菌素95.85%的国内出口均是由海正药业生产制作完成。

旨在进一步加强原料药市场的优势，海正药业加强了与相关研究机构的合作。1994年，海正药业与SIPI、SIIA和CPU签署了正式的联盟协议。根据协议，海正药业有优先获得和使用这些机构的技术成果的权利。相应地，这些合作伙伴也会获得海正药业下属企业的部分股权。

除了已有的强关系，在这一阶段出现了一些新的强关系。通过对核心产品，如克念菌素和阿氟霉素的成功开发，海正药业逐渐成长为一个年产值超过 1 亿元的大企业。作为一个具有较高声望的著名企业，海正药业会有更多的机会与国内院校和研究机构进行合作。为了提高其研发能力，海正药业与浙江大学和浙江理工大学共同建立实验室。直到 1995 年，海正药业的网络已经全部转变为强关系组合，如图 6－3 所示。

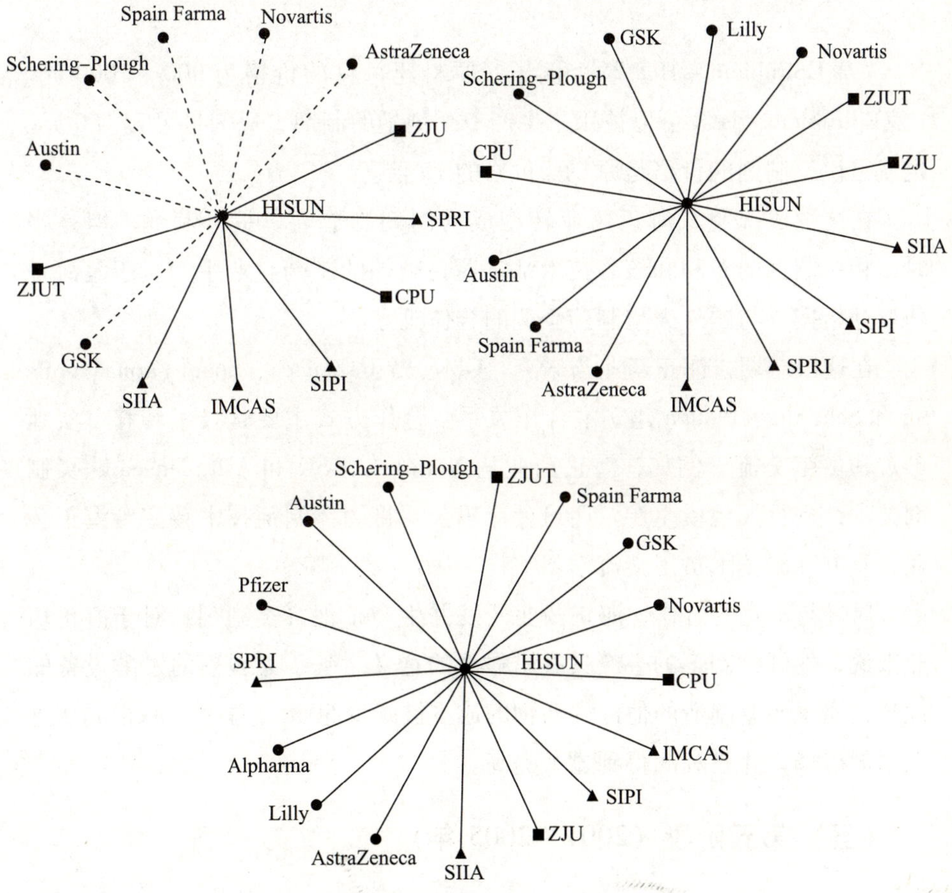

图 6－3　海正药业的联盟组合（1996～2010 年）

注：▲代表研究机构；●代表企业；■代表高校。

（四）第四阶段（1996～2000年）

正如上面所提到的，20世纪90年代中国医药行业发展迅速，尤其是原料药市场部分。2000年，中国变为第二大原料药生产商，成为国际市场上最大的原料药出口商。但是，中国制造的原料药主要是低附加值的基因药物。随着市场竞争日益激烈，原料药业务已经逐渐变得日益困难。相反，制剂——原料药的下游比原料药的利润更高。正如海正药业的副总JL所说：

"拿Epirubicin－HCI举个例子，原料药每克的价格为900～1000元。1克Epirubicin－HCI可以被用来生产100剂量的制剂，每剂量可卖150元。也就是说，制剂的价格是原料药价格的15倍。"

在这种情况下，海正药业转型成为制剂制造商以提高利润。但是当时，相关制剂的专利和核心技术都掌握在国外的制药企业手中。于是海正药业开始搜寻与国外大型制药企业的合作机会。

在这段时期，海正药业与诺克、GSK、AstraZeneca、Spain Farma、Austin和Schering－Plough建立了合作关系。合作方式主要是技术转移、实地参观和员工交流。例如，海正药业从Novartis、GSK和AstraZeneca购买制剂技术，进行大规模生产。西班牙菲玛公司将固体制剂技术转移给海正药业，双方互派技术员工交流学习。

通过与诺克的合作，海正药业开发并生产了他汀类制剂，对于海正药业来说，他汀类制剂的生产具有里程碑的意义。基于大规模的发酵设备的优势，海正药业制造的他汀类药物的成本被减少50%。总之，海正成功进入制剂市场，并且利润得到显著提高。

（五）第五阶段（2001～2005年）

作为制剂市场的新进入者，海正药业面临着诸多困难，如低效率的设备和较弱的生产能力。因此，海正药业生产的制剂质量不能与成熟的大公司抗衡。正如海正药业董事长白总所说：

“我们需要进一步改进制剂的生产规模和生产设备，我们必须跨越‘两道门槛’，或者说要打破‘两个壁垒’：一是国家的门槛，也称行政门槛，例如美国FDA认证和欧共体COS注册；二是客户门槛，也称技术门槛，即内控指标。我们不仅要达到国际药典通用的标准，而且要达到客户的内控质量指标……为了将制剂药物做强做大，我们应该改进制剂的生产质量。”

因为上述原因，2001年海正药业花费约6000万元从德国引进了成套的生产设备，使其抗肿瘤制剂的生产能力从200万剂量提升到600万剂量。2002年，海正药业花费3000万元从美国引进了核心技术，从本质上提高了抗生素制剂的生产能力。这些先进的生产设备帮助海正药业赢得了Adriacin、Tobramycin和Ivermectin制剂的GMP、COS和FDA认证。

同时，在这一阶段，为了学习如何生产高质量制剂，并开发已有的关系来节约成本，海正药业持续与已有伙伴如Novartis、GSK、AstraZeneca和Spain Farma合作。例如，通过与诺克合作，他汀类药物的成本减少20%。在这个过程中，强关系可以带来更细致的知识转移，促进诺克和海正药业共同解决问题。

除了已有的伙伴，海正药业也持续寻找新的世界级的伙伴。2003年，海正药业与里莱建立了合作关系，获得了Capremycin的专利技术，这是一个公共福利项目。基于里莱的技术，海正药业开始生产Capremycin制剂，并以低廉的价格提供给WHO。在这个过程中，海正药业证明了自身的生产能力和成本控制力，这也促进了两者深入合作。两年之后，里莱转移了三项产品技术，关闭了工厂，并与海正药业共同生产。像诺克和里莱这样的强关系，既显著地提高了海正药业的声誉，又快速地提高了海正药业的生产效率。

（六）第六阶段（2006～2010年）

自2006年开始，海正药业已经成为中国抗肿瘤制剂市场的领先生产商。正如公司年报所示，在2007年Epirubicin和Daunorubicin两种制剂的国内生产份额分别为63%和59%。随着制剂业务的不断扩张，海正药业从原料药生产商转型为一个全面的制药企业。2008年，原料药业务和制剂业务在公司的利润份额中占有同等的比重。

作为一个大型综合制药企业，海正药业持续扩张其生产规模，利用其生产规模的优势来节约成本。海正药业这种利用式战略效果显著。2007年，它的收益增长21.46%，而成本仅增长10.5%。2008年，它的收益增长6.57%，成本降低了2.54%。拿Lovastatin来举例，2008年Lovastatin的产出增长200%，而成本每剂量降低25%。

在规模扩张的战略下，海正药业在这一阶段与国外的大公司合作，建立了许多合资公司。2006年，海正药业与雅莱公司成立了合资公司，生产Vancomycin原料药。一年后，海正药业建立了合作实验室来生产固体制剂。之后，它与辉瑞合作创立合资公司生产品牌基因药物。这些强关系既提高了海正药业的生产效率和研发能力，又帮助海正药业按照欧洲和美国的标准建立了生产线。

在这一阶段，中国制药行业不可避免地受到了国际金融危机的影响。面临国际市场需求的下降、国内市场竞争日益激烈的压力下，海正药业的利润率迅速下降。平均净资产收益率下降接近一半，从23.64%到11.81%。在这种情况下，海正药业的高层不得不考虑转变战略，在不断变化的环境下，探索新的战略机会。正如海正的CEO白总所说：

“对于每一项业务，竞争都是不可避免的，也是无休止的。每个产品都有其生命周期，从开发到衰退。这就要求我们不断地开发新的业务，不断搜寻和创造新的伙伴关系。在未来的10年，对于中国制药行业，最重要的机会是创新药和基因药，这将会是未来10年我们主要的战略发展方向。”

（七）全过程模型

如图6-4所示，本案例说明了一个共同演化的模型。它描述了一个在环境不断变化时企业战略行动、联盟组合的形成、演化与绩效影响跨层次的互动模型。

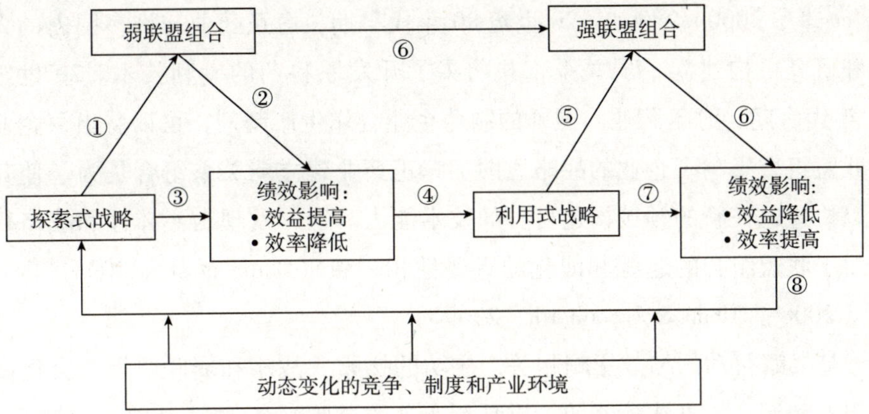

图 6－4　联盟组合和战略行动的动态演化框架

四、案例讨论

战略行动被视为在组合和环境之间的一种调节力量（Mintzberg，1979）。大量研究表明，剧烈变化的环境会使企业采取探索式战略，由于环境的变化使适应环境成为必要条件，很难从已有的经验习得（Rowley et al.，2000）。在剧烈的环境变化下，企业更可能实施探索式战略。正如中国 20 世纪 80 年代早期，市场环境面临着剧烈的变化，海正药业开始生产原料药。当国内市场竞争在 20 世纪 90 年代日益激烈时，海正药业的战略变为探索式战略，开始开发和生产制剂。

探索式战略可以带来弱联盟组合的形成。不同于利用式战略，探索式战略旨在创新和新业务的开发，需要外部新知识和非冗余资源。企业需要搜寻和选择新的伙伴，并建立弱联盟组合，去获得重要的新的知识和必要的资源，从而在新的环境中获得竞争优势（Pfeffer & Salancik，1978；Rowley et al.，2000）。例如，20 世纪 80 年代早期，海正药业与许多国内的大学和研究机构建立了弱关系，并购买了开发原料药的专利技术。20 世纪 80 年代后期，海正药业与国外的制药企业合作生产制剂，可以看出，企业的联盟组合影响了企业的战略意图。海正药业建立弱关系组合是为了使其可以快速地在新的领域构建自身的技术能力。这一发现与主体性和战略行动对于联盟组合的起源和演化的重要性相一致（Baum et al.，2005；Li et al.，2008；Ozcan & Eisenhardt，2009）。

与战略行动的绩效影响相关，成功的探索式战略和弱联盟组合会提高组织的利润。探索式战略的本质是新产品的试验（March，1991）。它可以促进企业内部的创新，如新产品开发、为了新的消费者的创新、新业务模式（Benner & Tushma，2003）。因此，探索式战略经常与组织利润正向相关，制药行业即符合这一规律（Bierly & Chakrabarti，1996）。

本书试图分析探索式战略的作用机制，弱关系组合会帮助企业与不同群体建立联系（Grannovetter，1983），促进企业通过不断获取超越企业边界的新知识和非冗余资源来进行不断学习（Rowley et al.，2000；Rogers，2003）。这样的网络结构被视为获取更高的投资回报率的竞争优势（Burt，1992）。在这种情况下，在第一阶段和第四阶段中十分明显，可以看出当海正药业实施探索式战略，形成弱联盟组合时，其净资产收益率显著提高。

综上所述，本书提出以下命题：

命题 1　在剧烈变化的环境下，企业更可能实现探索式战略，构建弱关系组合，提高效益。

从长期看，探索式战略可能更有效，但是从短期来看探索式缺乏较高的效率，因为企业实施探索式战略而非利用式战略时更可能发现其承受试验成本（March，1991；Raisch et al.，2009）。因此，企业需要在探索和利用间维持一种适当的平衡来获得持续的绩效。正因如此，在创新的最初阶段，企业倾向于实施探索式战略，减少创新成本，提高组织效率已经成为企业得以可持续发展的主要因素（Burgelman，2002；Benner & Tushman，2003）。正如案例中所示，第二阶段和第四阶段，海正药业从前一阶段学习经验并反复实践，组织通过不断反复和不断强化的一系列活动来提高效率，此时海正药业的战略从探索式战略转变为利用式战略。

强关系组合以亲密、重复、信任为特点，在以利用式为目的时更为有效（Krackhardt，1992；Rowley et al.，2000）。在利用式战略下，企业更愿意与成功的组织间关系中的其他企业进行合作、互惠。这样，企业可以利用知识，最大限度地使用已有的技术和产品（Oxley，1997；Khanna et al.，1998）。在本案例中，我们可以发现，联盟组合在第二阶段和第四阶段已经从弱联盟组合转变为强联盟组合。在这个过程中，联盟组合演化由企业的战略意图和嵌入性交互驱动。例如，海正药业为了提高 Cannitracin 的产值和纯度强化与 SIPI 的关系。与此同时，海正药业因为彼此间的信任和互惠，持续与 SIIA 保持合作关系。在联盟组合演化过程中战略意图的作用可以通过海正药业与里莱的强关系得到验证。在第五阶段，为了生产 Cannitracin 制剂，海正药业与里莱直接建立了强关系，而不是从已有的弱关系转化成强关系。

绩效影响方面，海正药业的组织效率在从探索式战略转向利用式战略的过程中得到了快速的提高，同时网络关系也从弱联盟组合演化为强联盟组合（见图 6－1）。在第二阶段，海正药业与已有伙伴深入合作进行工艺创新。在第五阶段，海正药业引进先进设备，与国外企业建立合资公司。通过这种方式，海正药业在这些阶段实现了范围经济和规模经济，组织效率得到显著提升。

综上所述，本书提出以下命题：

命题 2　在探索式战略的后期，企业更可能实施利用式战略，构建强关系组合，提高效率。

利用式战略主要是强化和扩展已有的生产技术和生产能力，通过改进的学习曲线帮助企业更高效地运营（Benner & Tushman，2003）。然而，成功的经验或积极的绩效产出会进一步加强开发利用和战略持久性（Burgelman，2002）。内部选择环境的过程会持续很长一段时间，在本案例中大约10年时间，这会使企业陷入成功陷阱和共同演化锁定（Gupta et al.，2006）。

与战略持续性的影响相似，强联盟组合也会因为组织间关系的嵌入性本质而自我强化（Uzzi，1996；Kim et al.，2006）。一个强关系连接的企业很可能是处于已有的网络关系，由于"……的承诺，互惠性的预期和社会压力促成的"（Uzzi，1997）。强关系组合因此逐渐转变为过度嵌入网络。如图6－2和图6－3所示，海正药业在第二阶段和第五阶段已有的网络关系会逐渐变强，到了第三阶段和第六阶段网络关系会转变成强关系组合，很少会有新的伙伴出现。

另外，持续的战略和联盟组合为企业提供相对稳定的环境。在这种情境下，企业很可能在已有的规则流程和稳定化的程序下做到最好（Donaldson，1995；Ittner & Larcker，1997）。反过来，交流和互动的稳定模式会促进企业与其伙伴间信任增强、更加规范地发展，会进一步创造组织间行为转化为流程化的活动，使核心企业运行得更有效率（Nadler & Tushman，1999；Repenning，2002）。然而，战略和网络的稳定也会成为探索式战略和网络更新的潜在威胁，会对企业的利润率带来危害，尤其是当它所处的环境的基本特点改变时，这种现象更加明显（Burgelman，2002）。在这样的情况下，企业需要重新思考它的战略，构建新的伙伴关系去获得新的机会，在组织效率和业务利润之间维持平衡。

正如案例所示，尽管海正药业的效率在第三阶段和第六阶段快速增长，但是企业的效益相对较低。在第三阶段，海正药业面临着原料药市场的竞争，为第四阶段与国外大公司的制剂合作奠定了基础。在第六阶段的后期，海正药业效益大幅度下降，试图探索创新药和基因药来解决制剂市场下效益低下的问题。

综上所述，本书提出以下命题：

命题3　由于利用式战略带来的成功陷阱和网络过度嵌入性，在利用式战略的后期，企业效率会持续提高，但是效益会下降，企业需要重新调整战略，进行联盟组合重构。

五、案例结论

本书深入剖析了作为中国领先的制药企业——海正药业如何在30多年的发展历程中调整自身的战略，并管理企业的联盟组合。这一纵向案例研究展现了不断变化的环境中企业的战略行动和关系组合之间的跨层次互动过程。研究发现，在剧烈变化的环境下，企业更可能实施探索式战略，构建弱关系组合；当企业的战略从探索式战略转变为利用式战略时，它更倾向于构建强关系组合。在这一过程中，企业效率和效益的均衡成为战略转变和其关系组合作用关系的调节机制。需要强调的是，当过度嵌入的强关系组合不利于企业效益的增加时，企业会进行战略和关系组合的重构。

基于共同演化模型，本书也揭示了联盟组合的形成和演化的潜在机制。随着企业的战略由探索式战略转变为利用式战略，联盟组合的动态演化机制可以理解为从主体性到嵌入性的持续发挥作用的过程。在面临环境不确定性时，企业实施探索式战略，联盟组合的构建主要是由企业的战略意图所驱动，因为此时的企业具有资源基础较为薄弱，因此企业不得不通过构建联盟组合探索异质性资源。当企业开始实施利用式战略时，它的联盟组合既会受到其提高效率的战略意图的影响，又会受到其已有网络关系的嵌入性作用。当企业在实施利用式战略后期时，企业的联盟组合主要是受其网络嵌入性作用影响，使其强关系变得更强，最终导致其网络关系过度嵌入。

尽管本书对学术和实践都做出了重要贡献，但是本书依然存在以下几点缺陷。首先，本书主要是围绕中国制药企业的一个单案例研究分析。命题的提出仍需要通过对其他市场或行业进行多案例对比研究，以增加本书结论的普适性。

其次，本书着眼于企业联盟组合和战略转变的共同演化过程，这也正是本书以探索式战略和利用式战略的权衡取舍为视角的原因所在。尽管联盟组合和战略行动的共同演化机制在本案例中已被证明，但仍有必要进一步关注企业在探索式战略和利用式战略共存时的战略双元性问题（Raisch et al.，2009）。探索式战略和利用式战略的共存问题可以在未来研究中进一步探索，用以解释其在网络环境如何出现，并如何影响联盟组合的演化。

最后，本书发现了利用式战略可以促进强关系的形成，或者说强关系是伴随着嵌入性关系而存在的。本书指明，有两种强关系，例如，强关系可以通过相互间短期的积累而形成，也可以通过高强度的投资合作而构建，两种强关系会对企业绩效带来不同的影响。在未来的研究中，区分两种强关系，并探索不同强关系对企业绩效的影响将是一个非常有趣、有意义的研究问题。

六、本章小结

本章以规范的案例研究方法，分析了海正药业如何根据不同的环境变化，将企业战略、伙伴选择与高绩效联盟组合进行有效的匹配，从而实现企业效率与效益的均衡，本书不但可以验证前述的理论研究框架，也深化了对企业战略、联盟组合与企业绩效动态演化关系的认识。

第七章　结论与展望

通过前面六章的研究，本书已对联盟组合的形成机制和绩效影响进行了较为系统、深入的分析和验证。本章将对全书的研究进行归纳总结，阐明本书的主要结论、理论贡献和实践启示，并在此基础上针对本书的研究局限和不足提出未来的研究方向。

一、研究结论

围绕“企业如何构建优质的联盟组合来提升企业绩效”这一基本研究命题，本书综合运用文献计量、理论研究、大样本统计分析、纵向案例研究等一系列研究方法及 Stata 和 Ucinet 等数据统计工具，将定性分析与定量研究有机结合，逐层深入展开论述，循序渐进地回答三个具体的研究问题：企业绩效预期对联盟组合的形成机制是怎样的？不同环境动态性对企业联盟组合不同维度特征与企业绩效的作用机制有何影响？企业联盟组合与环境动态性、企业战略之间是如何动态演化的？通过对这三个具体问题的回答，本书明确了企业绩效预期、联盟组合与企业绩效三者之间的影响机理，并形成了以下主要研究结论。

1. 企业绩效预期通过影响企业伙伴选择行为进而作用于联盟组合形成

通过实证研究发现，企业绩效预期是联盟组合形成的动因，绩效预期通过影响企业联盟伙伴选择行为，从而形成联盟组合的不同维度特征。具体来说，本书剖析了企业的历史绩效预期和社会绩效预期对联盟组合的结构维度、关系维度和伙伴维度三种维度特征的影响。其中，历史预期和社会预期对联盟组合的结构维度、关系维度和伙伴维度都有不同程度的显著影响。

2. 环境动态性在联盟组合与企业绩效的关系中发挥着重要的调节作用

随着社会网络理论的发展，学者们逐渐注意到网络效用的发挥还取决于情境因素的作用。由此，本书引入了环境动态性调节变量，通过大样本实证研究来考察企业联盟不同特征对企业绩效的影响路径。实证研究表明，企业所在的环境动态性越高，联盟组合的结构特征、关系特征和伙伴特征与企业绩效的正向效应越强，调节作用显著。

3. 企业战略、环境动态性与联盟组合之间存在着耦合即协同演化关系

嵌套式纵向案例研究展现了不断变化的环境中企业战略行动和关系组合之间的跨层次互动过程。基于共同演化模型，本书揭示了联盟组合的形成和演化的潜在机制。随着企业的战略由探索式战略转变为利用式战略，联盟组合的动态演化机制可以理解为从主体性到嵌入性的持续发挥作用的过程。在面临环境不确定性时，企业实施探索式战略，联盟组合的构建主要是由企业的战略意图驱动，因为此时企业拥有的资源基础较为薄弱，因此，企业不得不通过构建联盟组合探索异质性资源。当企业开始实施利用式战略时，它的联盟组合既会受其提高效率的战略意图的影响，又会受其已有网络关系的嵌入性作用。当企业在实施利用式战略后期时，企业的联盟组合主要受其网络嵌入性作用影响，使其强关系变得更强，最终导致其网络关系过度嵌入。

本书通过纵向案例研究表明，企业联盟组合与企业战略、环境动态性之间可以协同演化。研究发现，随着环境的动态变化，企业联盟组合的动态变化会影响到企业的战略选择，同时企业的战略选择也需要联盟组合的

配置战略进行相应的转变，企业战略转变与联盟组合的相互匹配可以持续提升企业的绩效，并实现企业效率与效益的均衡。

二、理论贡献

本书从社会网络理论、前景理论和权变理论出发，通过理论推演构建联盟组合的形成和绩效影响的理论框架，同时结合案例分析和实证检验，剖析了联盟组合的微观形成机制并验证了联盟组合对企业绩效的影响机制。本书的理论贡献主要有以下几点：

1. 响应社会网络理论有关后结构主义范式研究的呼吁，明晰了绩效预期这一前置因素对联盟组合各维度特性形成的作用机制

大多数已有联盟研究主要关注与联盟组合相关的企业绩效影响，但是很少关注联盟组合是如何出现、演化和改变的，以及其出现、演化和改变的原因。尽管联盟组合的前因研究已经逐渐得到网络学者的关注，但是综观现有研究成果却尚未有清晰统一的结论，由此使联盟组合的形成机制模糊不清。本书通过对联盟组合形成的前因研究，进一步对已有联盟组合文献研究进行补充。本书从后结构主义视角出发，强调网络中行为者的主体能动性。研究发现，企业绩效预期通过影响联盟伙伴选择行为，进而对联盟组合的形成发挥作用。本书有利于深入理解联盟组合形成的微观作用机制，在一定程度上有效地打开了联盟组合的前因研究这一“黑箱”，由此推进了联盟组合的形成机制研究。

2. 考察了不同情境下联盟组合对绩效影响的差异，从而在理论上为联盟组合绩效影响悖论给出了合理解释

本书从两方面完善了不同情境下联盟组合的绩效影响研究。首先，从网络异质性视角对联盟组合不同维度进行界定，全面系统地分析不同维度

的联盟组合与企业绩效的关联关系，有助于进一步明确如何配置高绩效联盟组合。其次，本书引入权变理论视角，分析在外在环境因素和内在行业特性作用下，企业联盟组合与企业绩效的影响。也就是说，分析权变因素作用下企业联盟组合对企业绩效的作用机制研究。引入环境动态性这一调节变量，有助于企业联盟组合与绩效关系研究更加贴近企业现实，更富有解释力和预测力。本书有关传统纺织行业的研究结论对聚焦发达国家高科技企业联盟组合的学者所得出的研究结论进行了补充和完善，有助于更加全面地理解联盟组合的绩效影响。

3. 联盟组合研究从静态分析推向了动态演化考量，极大地推进了联盟组合理论的发展

本书通过纵向案例研究剖析了动态环境变化下联盟组合与企业战略、伙伴选择的动态演化过程，有助于深入理解企业高绩效联盟组合形成机理和影响路径。同时，揭示了联盟组合与企业战略转变之间存在耦合性并可以协同演化。另外，本研究案例部分提出的框架模型为研究企业战略行动和联盟组合的关系提供了一个互动的共同演化的视角。已有研究强调联盟组合对企业战略的影响（Dittrich et al.，2007）。较少一部分研究关注了企业战略意图对企业联盟组合的影响（Hoffmann，2007；Ozcan & Eisenhardt，2009）。本书中，我们发现企业战略行动和联盟组合存在双向互动机制。而且我们发现，企业的战略意图在其关系组合由弱关系组合演化为强关系组合的过程中扮演着重要的角色，其加深了我们理解战略对联盟组合演化的影响关系，因为已有的相关研究仅仅关注联盟组合从无到有，即最初的形成过程。因此，本书拓展了对联盟组合形成和演变过程的全面认识。

4. 整合了社会网络理论的两种网络机制，从本质上阐述了社会网络理论结构主义与后结构主义的演进过程

从社会网络理论出发，本书解释了个体主体性和网络嵌入性在联盟组合最初形成和中间演化过程中的作用机制。尽管大量社会网络研究强调了网络演化的嵌入性机制，但仅有较少的研究指出了主体性对于决定联盟网络结构至关重要的作用（Kilduff et al.，2006；Ozcan & Eisenhardt，2009）。

本书发现了联盟组合的形成和演化是在企业不同发展阶段由主体性、嵌入性或者说是两者混合作用的结果。因此，我们通过提供一种联盟组合演化的权变模型为主体性和嵌入性两个不同视角的联盟研究搭建了桥梁，对社会网络理论做出了重要贡献。

三、管理启示

在现实中，不少企业的联盟管理还停留在对单个联盟价值的最优化设计，这种思维方式根据单个联盟的重要程度来安排资源配置及实现联盟目标。然而，很多企业拥有多个联盟伙伴，这些伙伴之间可能缺少信息沟通，可能存在相互竞争关系，甚至可能与企业的内部组织产生竞争。例如，汽车生产厂商的零部件供应商之间通常存在业务竞争关系，与厂商内部的生产也存在替代关系。伴随着联盟数量的增多，企业面临着错综复杂的伙伴关系，对联盟关系的管理成为一项有挑战性的工作。因此，学者们近年来提出应当以管理联盟组合的思维方式来管理战略联盟。本书通过探究联盟组合的形成机制、绩效影响与动态演化过程为管理实践提供了多方面的管理启示。

首先，从企业内部来看，企业管理决策者的绩效预期、伙伴选择行为对其联盟组合配置模式至关重要。剖析企业战略选择对其联盟组合配置模式的作用机制，一方面，对于企业对其合作伙伴的关系特征、结构特征和伙伴特征的识别与预测有着重要的指导意义。以开篇中石化集团的联盟组合为例，壳牌石油公司、英国石油公司、麦当劳、中国外运长航之间的业务多元化程度较高，不利于中石化集团对伙伴知识的吸收。中石化集团可以通过增加伙伴之间的联系以提高网络密度，从而促进信息传播与知识学习。另一方面，配置高绩效的联盟组合也有助于企业适时进行战略转变，从而促进企业获取可持续的竞争优势。企业战略行动和联盟组合的互动属性要求企业应该超越传统的两者联盟管理的方式。也就是说，单一的联盟关系可以视为企业在不同战略情境下更为广泛的联盟组合的一部分。因此，我们的研究框架会帮助企业通过将不同种类的组合与不同的战略相匹配来管理自身的联盟组合。

其次，从企业外部来看，在不同情境下分析联盟组合与企业绩效的关联关系，这对于处于经济转型背景下中国企业而言，具有一定的指导价值和借鉴意义。本书揭示了企业应该随着企业的发展不断地重构自身的联盟组合，使其适应自身发展战略，以避免网络的过度嵌入和战略惰性。正如案例分析所示，企业可以通过不断调整战略来避免网络过度嵌入问题。同时，联盟网络可以促进企业战略转变，尤其是在企业从探索式战略转为利用式战略时，促进作用更为明显。在 Koka 和 Prescott（2008）的研究中，他们认为，如果企业的发展战略需要在坚守传统产业的同时开拓新的市场机会，那么在传统产业中取得高地位有助于企业在原有市场保持竞争优势，并在新兴市场快速获得成功。例如，格力电器在家电产业的地位较高，但由于传统家电处于产业的衰退期，格力需要在电子通信、智能家电等领域开拓市场。格力电器在家电产业的高地位可以帮助企业在深挖原有技术优势的同时，在新兴市场建立可信赖的形象，并吸引优质的合作伙伴。

最后，企业对联盟组合的管理需要采取动态的方式。由于缺少对联盟组合的演化机制和管理手段的理解，很多企业未能根据变化的形势来调整联盟组合的结构或要素。Parise 和 Casher（2003）的研究发现，成功的企业通常能预见联盟组合的构成及变化。在很多情况下，联盟组合的变化反映了产品或市场生命周期的变化。例如，在本案例中的制药企业，在新药的研发阶段，制药企业可以选择建构多个与生物医药企业之间的研发联盟。在新药的推广阶段，制药企业应建构更多的市场营销联盟。再如，在通信行业中当市场还处于萌芽阶段、新的产品标准还未建立的时候，软件企业需要在联盟组合中尽量增加与其他软件企业或者市场领导企业的联盟，以建立对自身有利的产品标准。一旦产品标准建立，企业的联盟组合就需要在价值链的下游建立更多的联盟，包括与服务提供商和分销商的联盟。

四、研究局限与展望

虽然本书所研究的问题具有一定的开创性和启发性，并具有较强的理论意义和现实意义，但囿于笔者所关注的问题、视角和样本选择以及研究方法等，本书还存在一定的局限性以及未来值得进一步讨论的地方。

1. 样本收集

尽管本书研究花费大量精力，通过多种途径进行实地调研和二手数据的收集，但是由于研究时间和研究能力有限，本书在二手数据研究中对样本企业进行了一些界定，只选取了浙江绍兴纺织业企业和浙江制药企业作为研究样本。尽管所选样本具有较好的代表性，但也难以排除区域企业固有特性的影响，不可避免地具有行业上的局限性。可能在一定程度上对研究结果的普适性造成影响。因此，本书所得研究结论有待在更广泛的区域范围进行验证。

2. 变量测度

因受收据收集条件制约，部分变量测度指标体系仍有待改善。关于联盟组合的形成与企业绩效关联关系的影响因素除了本书的核心变量和控制变量外，还受其他因素的影响，如企业年龄和企业规模等企业本身的属性特征等。未来的研究中，应该用更加客观的方法对上述变量进行测度，对研究对象进行进一步细化和扩展，这样做出的研究可能更加精细，研究的结论就会更加具有可重复性与可靠性。

3. 研究方法的局限性

虽然国税数据库的数据具有较强的客观性和可行度，但数据的可获得性制约了研究设计，尤其是指标设计方面。本书在企业绩效的测量方面，在数据允许的情况下还可以进一步得到完善，可以从多样化的角度去衡量，如加入企业经营效率、技术创新能力等指标。因此，未来在研究方法上，可以采用二手数据、调研问卷、深度访谈以及案例研究相结合的综合研究方法，增加数据来源的多角化，使研究结果更加具有普适性和可信度。

总之，联盟组合研究正成为社会网络和战略管理研究领域中的热点之一，相信在不久的将来会涌现更多关于此方面的理论研究与实证研究。联盟组合的形成与企业绩效的关系研究是一个令人兴奋又富有挑战的领域，在我国转型经济背景下结合不同的情境变量来考察两者之间的关系，有可能得出不同的研究结果，同时我国转型经济环境和组织特点为这方面的研究创造了得天独厚的条件，使研究者有更多的机会去验证、补充或修改国外的相关研究。

参考文献

[1] Abrahamson E. Management fashion [J]. Academy of Management Review, 1996, 21 (1): 254 -285.

[2] Abrahamson E, Fairchild G. Management fashion: Lifecycles, triggers, and collective learning processes [J]. Administrative Science Quarterly, 1999, 44 (4): 708 -740.

[3] Achrol R S. Evolution of the marketing organization: New forms for turbulent environments [J]. The Journal of Marketing, 1991, 55 (4): 77 -93.

[4] Achrol R S, Stern L W. Environmental determinants of decision - making uncertainty in marketing channels [J]. Journal of Marketing Research, 1988, 25 (1): 36 -50.

[5] Ahuja G. Collaboration networks, structural holes, and innovation: A longitudinal study [J]. Administrative Science Quarterly, 2000, 45 (3): 425 -455.

[6] Ahuja G. The duality of collaboration: Inducements and opportunities in the formation of interfirm linkages [J]. Strategic Management Journal, 2000, 21 (3): 317 -343.

[7] Ahuja G, Morris Lampert C. Entrepreneurship in the large corporation: A longitudinal study of how established firms create breakthrough inventions [J]. Strategic Management Journal, 2001, 22 (6 -7): 521 -543.

[8] Ahuja G, Polidoro F, Mitchell W. Structural homophily or social a-

symmetry? The formation of alliances by poorly embedded firms [J]. Strategic Management Journal, 2009, 30 (9): 941 -958.

[9] Ahuja G, Soda G, Zaheer A. The genesis and dynamics of organizational networks [J]. Organization Science, 2012, 23 (2): 434 -448.

[10] Anand B N, Khanna, T. Do firms learn to create value? The case of alliances [J]. Strategic Management Journal, 2000, 21 (3): 295 -315.

[11] Anderson P, Tushman M L. Organizational environments and industry exit: The effects of uncertainty, munificence and complexity [J]. Industrial and Corporate Change, 2001, 10 (3): 675 -711.

[12] Antonakis J, Bendahan S, Jacquart P, et al. On making causal claims: A review and recommendations [J]. The Leadership Quarterly, 2010, 21 (6): 1086 -1120.

[13] Argyris C, Schon D A. Organiational Learning II [M]: Addison Wesley, 1996.

[14] Audia P G, Locke E A, Smith K G. The paradox of success: An archival and a laboratory study of strategic persistence following radical environmental change [J]. Academy of Management Journal, 2000, 43 (5): 837 -853.

[15] Bae J, Insead M G. Partner substitutability, alliance network structure, and firm profitability in the telecommunications industry [J]. Academy of Management Journal, 2004, 47 (6): 843 -859.

[16] Bamford J, Ernst D. Managing an alliance portfolio [J]. McKinsey Quarterly, 2002, 3: 29 -39.

[17] Barberis N, Huang M, Santos T. Prospect theory and asset prices [M]. National Bureau of Economic Research, 1999.

[18] Bascle G. Controlling for endogeneity with instrumental variables in strategic management research [J]. Strategic Organization, 2008, 6 (3): 285 -327.

[19] Baum J A, Calabrese T, Silverman B S. Don' t go it alone: Alli-

ance network composition and startups' performance in Canadian biotechnology [J]. Strategic Management Journal, 2000, 21 (3): 267 - 294.

[20] Baum J A, Li S X, Usher J M. Making the next move: How experiential and vicarious learning shape the locations of chains' acquisitions [J]. Administrative Science Quarterly, 2000, 45 (4): 766 - 801.

[21] Baum J A, Rowley T J, Shipilov A. V, et al. Dancing with strangers: Aspiration performance and the search for underwriting syndicate partners [J]. Administrative Science Quarterly, 2005, 50 (4): 536 - 575.

[22] Baum J A, Shipilov A V, Rowley T J. Where do small worlds come from? [J]. Industrial and Corporate Change, 2003, 12 (4): 697 - 725.

[23] Beckman C M, Haunschild P R, Phillips D J. Friends or strangers? Firm - specific uncertainty, market uncertainty, and network partner selection [J]. Organization science, 2004, 15 (3): 259 - 275.

[24] Belderbos R, Carree M, Lokshin B. Complementarity in R&D cooperation strategies [J]. Review of Industrial Organization, 2006, 28 (4): 401 - 426.

[25] Benner M J, Tushman M L. Exploitation, exploration, and process management: The productivity dilemma revisited [J]. Academy of Management Review, 2003, 28 (2): 238 - 256.

[26] Bergh D D, Lawless M W. Portfolio restructuring and limits to hierarchical governance: The effects of environmental uncertainty and diversification strategy [J]. Organization Science, 1998, 9 (1): 87 - 102.

[27] Bierly P, Chakrabarti A. Generic knowledge strategies in the US pharmaceutical industry [J]. Strategic Management Journal, 1996, 17 (S2): 123 - 135.

[28] Blau P M, Schoenherr R A. The structure of organisations [J]. Basic Book, New York, NY, 1971.

[29] Borgatti S P, Foster P C. The network paradigm in organizational re-

search: A review and typology [J]. Journal of Management, 2003, 29 (6): 991 -1013.

[30] Bos B, Faems D, Noseleit F. Concentrating or Dispersing Alliances within Firms: A Fragmented Alliance Portfolio Perspective [J] . Academy of Management, 2014: 111 -145.

[31] Bromiley P. Testing a causal model of corporate risk taking and performance [J]. Academy of Management Journal, 1991, 34 (1): 37 -59.

[32] Burawoy M. Ethnography unbound: Power and resistance in the modern metropolis [M]. Univ of California Press, 1991.

[33] Burgelman R A. Strategy as vector and the inertia of coevolutionary lock - in [J]. Administrative Science Quarterly, 2002, 47 (2): 325 -357.

[34] Burns T E, Stalker G M. The management of innovation [J]. University of Illinois at Urbana - Champaign's Academy for Entrepreneurial Leadership Historical Research Reference in Entrepreneurship, 1961.

[35] Burt R S. Structural holes versus network closure as social capital [J]. Social capital: Theory and research, 2001: 31 -56.

[36] Burt R S. The social structure of competition [J]. Explorations in Economic Sociology, 1993, 65: 103.

[37] Burt R S, Knez M. Kinds of third - party effects on trust [J]. Rationality and Society, 1995, 7 (3): 255 -292.

[38] Buskens V, Van de Rijt A. Dynamics of Networks if Everyone Strives for Structural Holesl [J]. American Journal of Sociology, 2008, 114 (2): 371 -407.

[39] Capaldo A. Network structure and innovation: The leveraging of a dual network as a distinctive relational capability [J]. Strategic Management Journal, 2007, 28 (6): 585 -608.

[40] Castro I, Casanueva C, Galán J L. Dynamic evolution of alliance portfolios [J]. European Management Journal, 2014, 32 (3): 423 -433.

[41] Castro I, Roldán J L., Acedo, F. J. The dimensions of alliance portfolio configuration: A mediation model [J]. Journal of Management and Organization, 2015, 21 (2): 176 -202.

[42] Chandler A D. Strategy and Structure: Chapters in the history of the industrial enterprise [J]. Cambridge/Mass, 1962.

[43] Chang S, Van Witteloostuijn A, Eden L. From the editors: Common method variance in international business research [J]. Journal of International Business Studies, 2010, 41 (2): 178 -184.

[44] Chen M, Miller D. Sources and consequences of competitive inertia: A study of the US airline industry [J]. Administrative Science Quarterly, 1994, 39 (1): 1 -24.

[45] Cheng J L, Kesner I F. Organizational slack and response to environmental shifts: The impact of resource allocation patterns [J]. Journal of Management, 1997, 23 (1): 1 -18.

[46] Child J, Mansfield R. Technology, size, and organization structure [J]. Sociology, 1972, 6 (3): 369 -393.

[47] Cho H D, Lee J K. The developmental path of networking capability of catch-up players in Korea's semiconductor industry [J]. R&D Management, 2003, 33 (4): 411 -423.

[48] Chung S A, Singh H, Lee K. Complementarity, status similarity and social capital as drivers of alliance formation [J]. Strategic Management Journal, 2000, 21 (1): 1 -22.

[49] Cohen W M, Levinthal D A. Absorptive capacity: A new perspective on learning and innovation [J]. Administrative Science Quarterly, 1990, 35 (1): 128 -152.

[50] Cressey D. Other's people money [M]. Belmont, CA: Wadsworth, 1953.

[51] Cyert R M, March J G. A behavioral theory of the firm [J]. Engle-

wood Cliffs, NJ, 1963: 2.

[52] Dacin M T, Oliver C, Roy J P. The legitimacy of strategic alliances: An institutional perspective [J]. Strategic Management Journal, 2007, 28 (2): 169 - 187.

[53] Danneels E. The process of technological competence leveraging [J]. Strategic Management Journal, 2007, 28 (5): 511 - 533.

[54] Das T K, Teng B. A resource - based theory of strategic alliances [J]. Journal of Management, 2000, 26 (1): 31 - 61.

[55] Davis G F, Yoo M, Baker W E. The small world of the American corporate elite, 1982 - 2001 [J]. Strategic Organization, 2003, 1 (3): 301 - 326.

[56] Deeds D L, Rothaermel F T. Honeymoons and liabilities: The relationship between age and performance in research and development alliances [J]. Journal of Product Innovation Management, 2003, 20 (6): 468 - 484.

[57] Dess G G, Beard D W. Dimensions of organizational task environments [J]. Administrative Science Quarterly, 1984, 29 (1): 52 - 73.

[58] Dittrich K, Duysters G. , de Man, A. Strategic repositioning by means of alliance networks: The case of IBM [J]. Research Policy, 2007, 36 (10): 1496 - 1511.

[59] Donaldson L. The contingency theory of organizations [M]. Sage, 2001.

[60] Donaldson T, Preston L E. The stakeholder theory of the corporation: Concepts, evidence, and implications [J]. Academy of management Review, 1995, 20 (1): 65 - 91.

[61] Doz Y L, Hamel G. Alliance advantage: The art of creating value through partnering [M]. Harvard Business Press, 1998.

[62] Draulans J, DeMan A, Volberda H W. Building alliance capability: Management techniques for superior alliance performance [J]. Long Range Plan-

ning, 2003, 36 (2): 151 – 166.

[63] Dussauge P, Garrette B, Mitchell W. Acquiring Partner's Capabilities: Outcomes of Scale and Link Alliances between Competitors [J]. Managing Strategically in an Interconnected World, 1997 SMS Best Paper Proceedings, 1998.

[64] Dyer J H, Singh H. The relational view: Cooperative strategy and sources of interorganizational competitive advantage [J]. Academy of management review, 1998, 23 (4): 660 – 679.

[65] Eisenhardt K M. Building theories from case study research [J]. Academy of Management Review, 1989, 14 (4): 532 – 550.

[66] Eisenhardt K M, Schoonhoven C B. Resource – based view of strategic alliance formation: Strategic and social effects in entrepreneurial firms [J]. Organization Science, 1996, 7 (2): 136 – 150.

[67] Emery F E, Trist E. The causal texture of organizational environments [J]. Human Relations, 1965, 18: 12 – 32.

[68] Emirbayer M, Goodwin J. Network analysis, culture, and the problem of agency [J]. American Journal of Sociology, 1994, 99 (6): 1411 – 1454.

[69] Emirbayer M, Mische A. What is agency? [J]. American Journal of Sociology, 1998, 103 (4): 962 – 1023.

[70] Fehrduda H, Bruhin A, Epper T, et al. Rationality on the rise: Why relative risk aversion increases with stake size [J]. Journal of Risk and Uncertainty, 2010, 40 (2): 147 – 180.

[71] FieldstadØ. D, Snow C C, Miles R E. The architecture of collaboration [J]. Strategic Management Journal, 2012, 33 (6): 734 – 750.

[72] Fleming L, Bromiley P. Swinging for the fences: Aspirations, performance, and technological breakthroughs [M]. Division of Research, Harvard Business School, 2003.

[73] Fritsch M, Lukas R. Who cooperates on R&D? [J]. Research Poli-

cy, 2001, 30 (2): 297 -312.

[74] Galaskiewicz J. Has a Network Theory of Organizational Behaviour Lived Up to its Promises? [J]. Management and Organization Review, 2007, 3 (1): 1 -18.

[75] Galbraith J R. Designing complex organizations [M]. Addison - Wesley Longman Publishing Co. , Inc. , 1973.

[76] Geletkanycz M A, Hambrick D C. The external ties of top executives: Implications for strategic choice and performance [J]. Administrative Science Quarterly, 1997, 42 (4): 654 -681.

[77] George G, Zahra S A, Wheatley K K, et al. The effects of alliance portfolio characteristics and absorptive capacity on performance: A study of biotechnology firms [J]. Journal of High Technology Management Research, 2001, 12 (2): 205 -226.

[78] Gilsing V, Nooteboom B. Exploration and exploitation in innovation systems: The case of pharmaceutical biotechnology [J]. Research Policy, 2006, 35 (1): 1 -23.

[79] Gimeno J. Competition within and between networks: The contingent effect of competitive embeddedness on alliance formation [J]. Academy of Management Journal, 2004, 47 (6): 820 -842.

[80] Glaser B, Strauss A. The discovery of grounded theory [J]. Weidenfield & Nicolson, London, 1967.

[81] Glazer R. Marketing in an information - intensive environment: Strategic implications of knowledge as an asset [J]. The Journal of Marketing, 1991, 55 (4): 1 -19.

[82] Goerzen A. Alliance networks and firm performance: The impact of repeated partnerships [J]. Strategic Management Journal, 2007, 28 (5): 487 -509.

[83] Goerzen A, Beamish P W. The effect of alliance network diversity on

multinational enterprise performance [J]. Strategic Management Journal, 2005, 26 (4): 333-354.

[84] Granovetter M S. The strength of weak ties [J]. American Journal of Sociology, 1973, 78 (6): 1360-1380.

[85] Granovetter M. Economic action and social structure: The problem of embeddedness [J]. American Journal of Sociology, 1985, 91 (3): 481-510.

[86] Granovetter M. The strength of weak ties: A network theory revisited [J]. Sociological Theory, 1983, 1 (1): 201-233.

[87] Greve H R. Performance, Aspirations and Risky Organizational Change [J]. Academy of Management, 1996: 224-228.

[88] Greve H R. A behavioral theory of R&D expenditures and innovations: Evidence from shipbuilding [J]. Academy of Management Journal, 2003, 46 (6): 685-702.

[89] Greve H R. Organizational learning from performance feedback: A behavioral perspective on innovation and change [M]. Cambridge University Press, 2003.

[90] Greene W H. Econometric Analysis, 2d ed. [M]. New York: Macmillan, 1993.

[91] Gulati R. Social structure and alliance formation patterns: A longitudinal analysis [J]. Administrative Science Quarterly, 1995, 40 (4): 619-652.

[92] Gulati R. Alliances and networks [J]. Strategic Management Journal, 1998, 19 (4): 293-317.

[93] Gulati R. Network location and learning: The influence of network resources and firm capabilities on alliance formation [J]. Strategic Management Journal, 1999, 20 (5): 397-420.

[94] Gulati R, Gargiulo M. Where do interorganizational networks come

from? [J]. American Journal of Sociology, 1999, 104 (5): 1439 - 1493.

[95] Gulati R, Westphal J D. Cooperative or controlling? The effects of CEO - board relations and the content of interlocks on the formation of joint ventures [J]. Administrative Science Quarterly, 1999, 44 (3): 473 - 506.

[96] Gulati R, Zajac E J. Reflections on the study of strategic alliances [J]. Cooperative Strategy, 2000: 365 - 374.

[97] Gulati R, Higgins M C. Which ties matter when? The contingent effects of interorganizational partnerships on IPO success [J]. Strategic Management Journal, 2003, 24 (2): 127 - 144.

[98] Gulati R. Managing network resources: Alliances, affiliations and other relational assets [M]. Oxford University Press, 2007.

[99] Gupta A K, Smith K G, Shalley C E. The interplay between exploration and exploitation [J]. Academy of Management Journal, 2006, 49 (4): 693 - 706.

[100] Hackman J R. Group influences on individuals in organizations. [M]. Consulting Psychologists Press, 1992.

[101] Hamel G, Doz Y L, Prahalad C K. Collaborate with your competitors and win [J]. Harvard Business Review, 1989, 67 (1): 133 - 139.

[102] Hamilton B H, Nickerson J A. Correcting for endogeneity in strategic management research [J]. Strategic Organization, 2003, 1 (1): 51 - 78.

[103] Hansen M T. The search - transfer problem: The role of weak ties in sharing knowledge across organization subunits [J]. Administrative Science Quarterly, 1999, 44 (1): 82 - 111.

[104] Harrigan K R. Vertical integration and corporate strategy [J]. Academy of Management Journal, 1985, 28 (2): 397 - 425.

[105] Haveman H A. Organizational size and change: Diversification in the savings and loan industry after deregulation [J]. Administrative Science Quarterly, 1993, 38 (1): 20 - 50.

[106] Heavey C, Simsek Z, Fox B C A. Resource – Based Model of Alliance Portfolios and Growth of Small and Medium – Sized Enterprises [M]. Academy of Management, 2014: 117 – 125.

[107] Heide J B, John G. Alliances in industrial purchasing: The determinants of joint action in buyer – supplier relationships [J]. Journal of marketing Research, 1990: 24 – 36.

[108] Heide J B, Miner A S. The shadow of the future: Effects of anticipated interaction and frequency of contact on buyer – seller cooperation [J]. Academy of Management Journal, 1992, 35 (2): 265 – 291.

[109] Heimeriks K H, Duysters G. Alliance Capability as a Mediator Between Experience and Alliance Performance: An Empirical Investigation into the Alliance Capability Development Process [J]. Journal of Management Studies, 2007, 44 (1): 25 – 49.

[110] Hickson D J, Pugh D S, Pheysey D C. Operations Technology and Organization Structure: An Empirical Reappraisal [J]. Administrative Science Quarterly, 1969, 14 (3): 378 – 397.

[111] Hoang H, Rothaermel F T. The effect of general and partner – specific alliance experience on joint R&D project performance [J]. Academy of Management Journal, 2005, 48 (2): 332 – 345.

[112] Hoffmann W H. Strategies for managing a portfolio of alliances [J]. Strategic Management Journal, 2007, 28 (8): 827 – 856.

[113] Inkpen A C. A note on the dynamics of learning alliances: Competition, cooperation, and relative scope [J]. Strategic Management Journal, 2000, 21 (7): 775 – 779.

[114] Ittner C D, Larcker D F. Quality strategy, strategic control systems, and organizational performance [J]. Accounting, Organizations and Society, 1997, 22 (3): 293 – 314.

[115] Jarillo J C. On strategic networks [J]. Strategic Management Jour-

nal, 1988, 9 (1): 31 -41.

[116] Jiang R J, Tao Q T, Santoro M D. Alliance portfolio diversity and firm performance [J]. Strategic Management Journal, 2010, 31 (10): 1136 - 1144.

[117] Jick T D. Mixing qualitative and quantitative methods: Triangulation in action [J]. Administrative Science Quarterly, 1979, 24 (4): 602 -611.

[118] Kahneman D, Tversky A. Prospect theory: An analysis of decision under risk [J]. Econometrica: Journal of the Econometric Society, 1979: 263 - 291.

[119] Kale P, Dyer J H, Singh H. Alliance capability, stock market response, and long - term alliance success: The role of the alliance function [J]. Strategic Management Journal, 2002, 23 (8): 747 -767.

[120] Keupp M M, Palmié M, Gassmann O. The strategic management of innovation: A systematic review and paths for future research [J]. International Journal of Management Reviews, 2012, 14 (4): 367 -390.

[121] Khaire T S, Khasawneh M A, Pratt Jr W P, et al. Observation of spin - triplet superconductivity in Co - based Josephson junctions [J]. Physical review letters, 2010, 104 (13): 137002.

[122] Khandwalla P N. Mass output orientation of operations technology and organizational structure [J]. Administrative Science Quarterly, 1974, 19 (1): 74 -97.

[123] Khanna T, Gulati R, Nohria N. The dynamics of learning alliances: Competition, cooperation, and relative scope [J]. Strategic Management Journal, 1998, 19 (3): 193 -210.

[124] Kilduff M, Krackhardt D. Bringing the individual back in: A structural analysis of the internal market for reputation in organizations [J]. Academy of Management Journal, 1994, 37 (1): 87 -108.

[125] Kilduff M, Tsai W. Social networks and organizations [M]. Sage,

2003.

[126] Kilduff M, Tsai W, Hanke R. A paradigm too far? A dynamic stability reconsideration of the social network research program [J]. Academy of Management Review, 2006, 31 (4): 1031-1048.

[127] Kim T, Oh H, Swaminathan A. Framing interorganizational network change: A network inertia perspective [J]. Academy of Management Review, 2006, 31 (3): 704-720.

[128] Kim H, Choi S. Technological alliance portfolio configuration and firm performance [J]. Review of Managerial Science, 2014, 8 (4): 541-558.

[129] Kogut B. Joint ventures: Theoretical and empirical perspectives [J]. Strategic Management Journal, 1988, 9 (4): 319-332.

[130] Kogut B. Joint ventures and the option to expand and acquire [J]. Management Science, 1991, 37 (1): 19-33.

[131] Kogut B. The stability of joint ventures: Reciprocity and competitive rivalry [J]. The Journal of Industrial Economics, 1989, 38 (2): 183-198.

[132] Kogut B, Walker G. The small world of Germany and the durability of national networks [J]. American Sociological Review, 2001, 66 (3): 317-335.

[133] Koka B R, Prescott J E. Designing alliance networks: The influence of network position, environmental change, and strategy on firm performance [J]. Strategic Management Journal, 2008, 29 (6): 639-661.

[134] Krackhardt D. The strength of strong ties: The importance of philos in organizations [J]. Networks and organizations: Structure, form, and action, 1992, 216: 239.

[135] Lane P J, Salk J E, Lyles M A. Absorptive capacity, learning, and performance in international joint ventures [J]. Strategic Management Journal, 2001, 22 (12): 1139-1161.

[136] Lant T K. Aspiration level adaptation: An empirical exploration [J]. Management Science, 1992, 38 (5): 623 - 644.

[137] Lant T K, Baum J. The institutional construction of organizations [S]. International and Longitudinal Studies, 1995.

[138] Lant T K, Milliken F J, Batra B. The role of managerial learning and interpretation in strategic persistence and reorientation: An empirical exploration [J]. Strategic Management Journal, 1992, 13 (8): 585 - 608.

[139] Larson A. Network dyads in entrepreneurial settings: A study of the governance of exchange relationships. [J]. Administrative Science Quarterly, 1992, 37 (1): 76 - 104.

[140] Lavie D. Alliance portfolios and firm performance: A study of value creation and appropriation in the U. S. software industry [J]. Strategic Management Journal, 2007, 28 (12): 1187 - 1212.

[141] Lavie D, Miller S R. Alliance Portfolio Internationalization and Firm Performance [J]. Organization Science, 2008, 19 (4): 623 - 646.

[142] Lavie D, Rosenkopf L. Balancing exploration and exploitation in alliance formation [J]. Academy of Management Journal, 2006, 49 (4): 797 - 818.

[143] Lavie D, Lechner C, Singh H. The performance implications of timing of entry and involvement in multipartner alliances [J]. Academy of Management Journal, 2007, 50 (3): 578 - 604.

[144] Lawrence P R, Lorsch J. Organization and Environment. [J]. Boston: Harvard University Press, 1967, 65: 323 - 364.

[145] Leeuw T, Lokshin B, Duysters G. Returns to alliance portfolio diversity: The relative effects of partner diversity on firm's innovative performance and productivity [J]. Journal of Business Research, 2014, 67 (9): 1839 - 1849.

[146] Levinthal D, March J G. A model of adaptive organizational search [J]. Journal of Economic Behavior and Organization, 1981, 2 (4): 307 -

333.

[147] Li D, Eden L, Hitt M A, et al. Friends, acquaintances, or strangers? Partner selection in R&D alliances [J]. Academy of Management Journal, 2008, 51 (2): 315 -334.

[148] Li S X, Rowley T J. Inertia and evaluation mechanisms in interorganizational partner selection: Syndicate formation among US investment banks [J]. Academy of Management Journal, 2002, 45 (6): 1104 -1119.

[149] Lincoln Y S, Guba E G. Naturalist inquiry [J]. Beverly Hills, CA: Sage, 1985.

[150] Lorenzoni G, Lipparini A. The leveraging of interfirm relationships as a distinctive organizational capability: A longitudinal study [J]. Strategic Management Journal, 1999, 20 (4): 317 -338.

[151] Luo Y. Environment - strategy - performance relations in small businesses in China: A case of township and village enterprises in southern China [J]. Journal of Small Business Management, 1999, 37 (1): 37.

[152] March J G, Simon HA. Organizations [J]. New York, 1958: 81.

[153] March J G. Variable risk preferences and adaptive aspirations [J]. Journal of Economic Behavior and Organization, 1988, 9 (1): 5 -24.

[154] March J G. Exploration and exploitation in organizational learning [J]. Organization Science, 1991, 2 (1): 71 -87.

[155] March J G, Shapira Z. Variable risk preferences and the focus of attention [J]. Psychological Review, 1992, 99 (1): 172 -183.

[156] Mariotti F, Delbridge R. Overcoming network overload and redundancy in interorganizational networks: The roles of potential and latent ties [J]. Organization Science, 2012, 23 (2): 511 -528.

[157] Mayhew B H. Structuralism versus individualism: Part 1, shadowboxing in the dark [J]. Social Forces, 1980, 59 (2): 335 -375.

[158] Medcof J W. Why too many alliances end in divorce [J]. Long

Range Planning, 1997, 30 (5): 718 -732.

[159] Meuleman M, Lockett A, Manigart S. Partner selection decisions in interfirm collaborations: The paradox of relational embeddedness [J]. Journal of Management Studies, 2010, 47 (6): 995 -1019.

[160] Mezias S J, Chen Y, Murphy P. R. Aspiration - level adaptation in an American financial services organization: A field study [J]. Management Science, 2002, 48 (10): 1285 -1300.

[161] Milanov H, Fernhaber S A. The impact of early imprinting on the evolution of new venture networks [J]. Journal of Business Venturing, 2009, 24 (1): 46 -61.

[162] Miles R E, Snow C C, Meyer A D, et al. Organizational strategy, structure, and process [J]. Academy of Management Review, 1978, 3 (3): 546 -562.

[163] Miller D, Friesen P H. Archetypes of strategy formulation [J]. Management Science, 1978, 24 (9): 921 -933.

[164] Milliken F J, Lant T K. The effect of an organization's recent performance history on strategic persistence and change: The role of managerial interpretations [M]. Leonard N. Stern School of Business, New York University, 1990.

[165] Mintzberg H. An emerging strategy of "direct" research [J]. Administrative science quarterly, 1979, 24 (4): 582 -589.

[166] Mintzberg H. The structuring of organizations: A synthesis of the research [J]. University of Illinois at Urbana - Champaign's Academy for Entrepreneurial Leadership Historical Research Reference in Entrepreneurship, 1979.

[167] Mitchell W, Singh K. Survival of businesses using collaborative relationships to commercialize complex goods [J]. Strategic Management Journal, 1996, 17 (3): 169 -195.

[168] Moran P. Structural vs. relational embeddedness: Social capital and

managerial performance [J]. Strategic Management Journal, 2005, 26 (12): 1129 - 1151.

[169] Mouri N, Sarkar M B, Frye M. Alliance portfolios and shareholder value in post - IPO firms: The moderating roles of portfolio structure and firm - level uncertainty [J]. Journal of Business Venturing, 2012, 27 (3): 355 - 371.

[170] Nadler D A, Tushman M L. The organization of the future: Strategic imperatives and core competencies for the 21st century [J]. Organizational Dynamics, 1999, 28 (1): 45 - 60.

[171] Nag R, Hambrick D C, Chen M J. What is strategic management, really? Inductive derivation of a consensus definition of the field [J]. Strategic management journal, 2007, 28 (9): 935 - 955.

[172] Nohria N, Garcia pont C. Global strategic linkages and industry structure [J]. Strategic Management Journal, 1991, 12 (S1): 105 - 124.

[173] Nohria N, Gulati R. Is slack good or bad for innovation? [J]. Academy of Management Journal, 1996, 39 (5): 1245 - 1264.

[174] Ocasio W. The enactment of economic adversity - a reconciliation of theories of failure - induced change and threat - rigidity [J]. Research in organizational behavior: An annual series of analytical essays and critical reviews, 1995, 17: 287 - 331.

[175] Ordanini A, Rubera G, DeFillippi R. The many moods of inter - organizational imitation: A critical review [J]. International Journal of Management Reviews, 2008, 10 (4): 375 - 398.

[176] Oxley J E. Appropriability hazards and governance in strategic alliances: A transaction cost approach [J]. Journal of Law, Economics, and Organization, 1997, 13 (2): 387 - 409.

[177] Ozcan P, Eisenhardt K M. Origin of alliance portfolios: Entrepreneurs, network strategies, and firm performance [J]. Academy of Management Journal, 2009, 52 (2): 246 - 279.

[178] Padula G. Enhancing the innovation performance of firms by balancing cohesiveness and bridging ties [J]. Long Range Planning, 2008, 41 (4): 395 - 419.

[179] Park B, Srivastava M K, Gnyawali D R. Impact of coopetition in the alliance portfolio and coopetition experience on firm innovation [J]. Technology Analysis & Strategic Management, 2014, 26 (8): 893 - 907.

[180] Parkhe A, Wasserman S, Ralston D A. New frontiers in network theory development [J]. Academy of Management Review, 2006, 31 (3): 560 - 568.

[181] Peng M W. Institutional transitions and strategic choices [J]. Academy of Management Review, 2003, 28 (2): 275 - 296.

[182] Perrow C. A framework for the comparative analysis of organizations [J]. American Sociological Review, 1967, 32 (2): 194 - 208.

[183] Persson O, Danell R, Schneider J W. How to use Bibexcel for various types of bibliometric analysis [J]. Celebrating scholarly communication studies: A Festschrift for Olle Persson at his 60th Birthday, 2009: 9 - 24.

[184] Pfeffer J S, Salancik G G. R. The external control of organizations: A resource dependence perspective [J]. New York, 1978.

[185] Pfeffer J, Nowak P. Joint ventures and interorganizational interdependence [J]. Administrative Science Quarterly, 1976, 21 (3): 398 - 418.

[186] Podolny J M. Market uncertainty and the social character of economic exchange [J]. Administrative Science Quarterly, 1994, 39 (3): 458 - 483.

[187] Podsakoff P M, Mackenzie S B, Bachrach D G. The influence of management journals in the 1980s and 1990s [J]. Strategic Management Journal, 2005, 26 (5): 473 - 488.

[188] Podsakoff P M, MacKenzie S B, Lee J, et al. Common method biases in behavioral research: A critical review of the literature and recommended remedies. [J]. Journal of Applied Psychology, 2003, 88 (5): 879.

[189] Porac J F, Thomas H, Wilson F, et al. Rivalry and the industry

model of Scottish knitwear producers [J]. Administrative Science Quarterly, 1995: 203 - 227.

[190] Porter M E. Competitive strategy [J]. New York, 1980.

[191] Powell W W, Grodal S. Networks of innovators [J]. The Oxford handbook of innovation, 2005: 56 - 85.

[192] Powell W W, Koput K W, Smith - Doerr L. Interorganizational collaboration and the locus of innovation: Networks of learning in biotechnology [J]. Administrative Science Quarterly, 1996, 41 (1): 116 - 145.

[193] Raisch S, Birkinshaw J, Probst G. et al. Organizational ambidexterity: Balancing exploitation and exploration for sustained performance [J]. Organization Science, 2009, 20 (4): 685 - 695.

[194] Reger R K, Huff A S. Strategic groups: A cognitive perspective [J]. Strategic Management Journal, 1993, 14 (2): 103 - 123.

[195] Repenning A, Ioannidou A, Phillips J. Collaborative use and design of interactive simulations [M]. International Society of the Learning Sciences, 1999: 59.

[196] Reuer J J, Ragozzino R. Agency hazards and alliance portfolios [J]. Strategic Management Journal, 2006, 27 (1): 27 - 43.

[197] Reuer J J, Park K M, Zollo M. Experiential learning in international joint ventures: The roles of experience heterogeneity and venture novelty [J]. Cooperative Strategies and Alliances, 2002, 321: 344.

[198] Rosenkopf L, Padula G. Investigating the microstructure of network evolution: Alliance formation in the mobile communications industry [J]. Organization Science, 2008, 19 (5): 669 - 687.

[199] Rowley T, Behrens D, Krackhardt D. Redundant governance structures: An analysis of structural and relational embeddedness in the steel and semiconductor industries [J]. Strategic Management Journal, 2000, 21 (3): 369 - 386.

[200] Rumelt R. Strategy, structure, and economic performance [J].

Harvard Business School Press, Boston, 1986.

[201] Salancik G R, Meindl J R. Corporate attributions as strategic illusions of management control [J]. Administrative Science Quarterly, 1984: 238 - 254.

[202] Semadeni M, Withers M C, Trevis Certo, S. The perils of endogeneity and instrumental variables in strategy research: Understanding through simulations [J]. Strategic Management Journal, 2014, 35 (7): 1070 - 1079.

[203] Shan W, Walker G, Kogut B. Interfirm cooperation and startup innovation in the biotechnology industry [J]. Strategic Management Journal, 1994, 15 (5): 387 - 394.

[204] Shipilov A V. Firm scope experience, historic multimarket contact with partners, centrality, and the relationship between structural holes and performance [J]. Organization Science, 2009, 20 (1): 85 - 106.

[205] Sidhu J S, Commandeur H R, Volberda H W. The multifaceted nature of exploration and exploitation: Value of supply, demand, and spatial search for innovation [J]. Organization Science, 2007, 18 (1): 20 - 38.

[206] Siemsen E, Roth A, Oliveira P. Common method bias in regression models with linear, quadratic, and interaction effects [J]. Organizational Research Methods, 2010, 13 (3): 456 - 476.

[207] Silverman B S, Baum J A. Alliance - based competitive dynamics [J]. Academy of Management Journal, 2002, 45 (4): 791 - 806.

[208] Simonin B L. Ambiguity and the process of knowledge transfer in strategic alliances [J]. Strategic Management Journal, 1999, 20 (7): 595 - 623.

[209] Singh J V. Performance, slack, and risk taking in organizational decision making [J]. Academy of Management Journal, 1986, 29 (3): 562 - 585.

[210] Soda G, Usai A, Zaheer A. Network memory: The influence of

past and current networks on performance [J]. Academy of Management Journal, 2004, 47 (6): 893 -906.

[211] Stuart T E. Interorganizational alliances and the performance of firms: A study of growth and innovation rates in a high - technology industry [J]. Strategic Management Journal, 2000, 21 (8): 791 -811.

[212] Stuart T E, Hoang H, Hybels R C. Interorganizational endorsements and the performance of entrepreneurial ventures [J]. Administrative Science Quarterly, 1999, 44 (2): 315 -349.

[213] Stump R L, Heide J B. Controlling supplier opportunism in industrial relationships [J]. Journal of Marketing Research, 1996, 33 (4): 431 -441.

[214] Taborsky M. Bourgeois and parasitic tactics: Do we need collective, functional terms for alternative reproductive behaviours? [J]. Behavioral Ecology and Sociobiology, 1997, 41 (5): 361 -362.

[215] Thompson J D. Organizations in action. 1967 [J]. SHAFRITZ, Jay M, OTT, J. Steven. Classics of Organization Theory, 1967: 4.

[216] Tiwana A. Do bridging ties complement strong ties? An empirical examination of alliance ambidexterity [J]. Strategic Management Journal, 2008, 29 (3): 251 -272.

[217] Uzzi B. Social structure and competition in interfirm networks: The paradox of embeddedness [J]. Administrative Science Quarterly, 1997, 42 (1): 35 -67.

[218] Uzzi B. The sources and consequences of embeddedness for the economic performance of organizations: The network effect [J]. American Sociological Review, 1996: 674 -698.

[219] Uzzi B, Spiro J. Small worlds and big differences in success [J]. Workingpaper, Kellogg School of Man-agement, Northwestern Uni-versity, 2004.

[220] Van de Ven A H, Ferry D L. Measuring and assessing organizations [M]. Wiley New York, 1980.

[221] Van de Ven A H, Delbecq A L, Koenig Jr R. Determinants of coordination modes within organizations [J]. American Sociological Review, 1976, 41 (2): 322 -338.

[222] Vassolo R S, Anand J, Folta T B. Non-additivity in portfolios of exploration activities: A real options-based analysis of equity alliances in biotechnology [J]. Strategic Management Journal, 2004, 25 (11): 1045 -1061.

[223] Walker G, Kogut B, Shan W. Social capital, structural holes and the formation of an industry network [J]. Organization Science, 1997, 8 (2): 109 -125.

[224] Wassmer U, Dussauge P. Network resource stocks and flows: How do alliance portfolios affect the value of new alliance formations? [J]. Strategic Management Journal, 2012, 33 (7): 871 -883.

[225] Watts D J. Networks, dynamics, and the small - world phenomenon 1 [J]. American Journal of sociology, 1999, 105 (2): 493 -527.

[226] Weick K E. The social psychology of organizing (Topics in social psychology series) [J]. 1979.

[227] Weller H. Marketing alliance portfolios: How managers capture synergies among partners within the professional sports league [D]. Capella University, 2014.

[228] Woodward J. Technology and organization [J]. The Sociology of Organizations, 2003: 52 -65.

[229] Woodward J, Dawson S, Wedderburn D. Industrial organization: Theory and practice [M]. Oxford University Press London, 1965.

[230] Wuyts S, Dutta S. Benefiting From Alliance Portfolio Diversity The Role of Past Internal Knowledge Creation Strategy [J]. Journal of Management, 2014, 40 (6): 1653 -1674.

[231] Yin R K. Case Study Research：Desingand Methods [M]. Beverly Hills，CA：Sage，1984.

[232] Yin R K. Case Study Research：Design And Methods (Applied Social Research Methods) Author：Robert K. Yin，Publisher：Sage Publicat [M]. Sage Publications，Inc.，1989.

[233] Yin R K. Case Study Research：Design and Methods [J]. Applied Social Research Methods，2002.

[234] Zaheer A，Bell G G. Benefiting from network position：Firm capabilities，structural holes，and performance [J]. Strategic Management Journal，2005，26 (9)：809 -825.

[235] Zaheer A，Venkatraman N. Relational governance as an interorganizational strategy：An empirical test of the role of trust in economic exchange [J]. Strategic Management Journal，1995，16 (5)：373 -392.

[236] Zhang Y，Li H. Innovation search of new ventures in a technology cluster：The role of ties with service intermediaries [J]. Strategic Management Journal，2010，31 (1)：88 -109.

[237] Znaniecki F. The method of sociology [M]. Farrar and Rinehart New York，1934.

[238] Zollo M，Reuer J J，Singh H. Interorganizational routines and performance in strategic alliances [J]. Organization Science，2002，13 (6)：701 -713.

[239] Zucker L G. Production of trust：Institutional sources of economic structure [J]. Research in organizational behavior，1986 (8)：1840 - 1920.

[240] Zukin S，DiMaggio P. Structures of capital：The social organization of the economy [M]. CUP Archive，1990.

[241] 蔡宁，潘松挺．网络关系强度与企业技术创新模式的耦合性及其协同演化——以海正药业技术创新网络为例[J]. 中国工业经济，2008 (4)：137 -144.

［242］宝贡敏，徐碧祥．企业声誉对战略联盟伙伴选择的影响机理研究[J]. 技术经济，2006（7）：10－12.

［243］符正平，彭伟，刘冰．基于跨时视角的联盟组合过程研究与概念框架构建［J]. 外国经济与管理，2011（1）：59－65.

［244］高翔，王宏起，王雪原．基于供应链的医药制造企业联盟伙伴选择[J]. 统计与决策，2011（21）：186－188.

［245］郭军灵．技术联盟中合作伙伴的选择研究[J]. 科研管理，2003（6）：109－113.

［246］江积海，刘风．国外联盟组合研究述评及展望[J]. 外国经济与管理，2013（3）：12－21.

［247］姜翰．企业战略模式对企业关系实践影响的实证研究[D]. 清华大学硕士学位论文，2009.

［248］姜翰，金占明．企业间关系强度对关系价值机制影响的实证研究——基于企业间相互依赖性视角[J]. 管理世界，2008（12）：114－125.

［249］刘风．联盟组合核心企业绩效的影响因素研究[D]. 重庆大学硕士学位论文，2014.

［250］刘洋．转型经济背景下后发企业启发式规则、研发网络边界拓展与创新追赶[D]. 浙江大学博士学位论文，2014.

［251］李健，金占明．战略联盟伙伴选择、竞合关系与联盟绩效研究[J]. 科学学与科学技术管理，2007（11）：161－166.

［252］李正卫．动态环境条件下的组织学习与企业绩效[D]. 浙江大学博士学位论文，2003.

［253］刘雪梅．联盟组合：价值创造与治理机制[J]. 中国工业经济，2012（6）：70－82.

［254］马庆国．管理统计：数据获取，统计原理，SPSS 工具与应用研究[M]. 北京：科学出版社，2002.

［255］马汀，奇达夫，蔡文彬．社会网络与组织[M]. 北京：中国人民大学出版社，2007.

［256］毛基业，李晓燕．理论在案例研究中的作用——中国企业管理案例论坛（2009）综述与范文分析[J]. 管理世界，2010（2）：106－113.

［257］彭伟，符正平．国外联盟研究脉络梳理与未来展望[J]. 外国经济与管理，2011（12）：49－57.

［258］彭新敏．企业网络对技术创新绩效的作用机制研究：利用性—探索性学习的中介效应[D]. 浙江大学博士学位论文，2009.

［259］孙晶．政治关联、多元化战略与企业成长性[D]. 浙江大学博士学位论文，2012.

［260］王雪原，王宏起．基于资源观的 R&D 联盟伙伴组合选择方法研究[J]. 科研管理，2012（6）：48－55.

［261］王晓娟．知识网络与集群企业竞争优势研究[D]. 浙江大学博士学位论文，2007.

［262］吴结兵，郭斌．企业适应性行为、网络化与产业集群的共同演化——绍兴县纺织业集群发展的纵向案例研究[J]. 管理世界，2010（2）：141－155.

［263］吴结兵，王笑言．突破结构主义藩篱，拓展研究新方向［N］. 中国社会科学报，2014－03－26.

［264］徐二明，徐凯．资源互补对机会主义和战略联盟绩效的影响研究[J]. 管理世界，2012（1）：93－100.

［265］徐建中，武建龙．联盟组合研究述评[J]. 软科学，2013（7）：118－122.

［266］易朝辉，夏清华．国际战略联盟条件下的中国联盟伙伴选择标准——基于“资源—学习—企业成长”的视角[J]. 科学学与科学技术管理，2007（12）：187－192.

［267］应瑛．企业研发网络地理分散化对创新绩效的影响机制研究[D]. 浙江大学博士学位论文，2014.

［268］张光曦．如何在联盟组合中管理地位与结构洞？——MOA 模型的视角[J]. 管理世界，2013（11）：89－100.

[269] 张翼，陈耀，夏茂森．不完全信息下联盟组合形成动态博弈分析[J]．技术经济，2012（7）：124－128.

[270] 詹也，吴晓波．企业联盟组合配置战略与组织创新的关系研究——基于我国汽车行业的多案例研究[J]．科学学研究，2012（3）：466－473.

[271] 詹也．联盟组合管理能力对企业绩效的作用机制研究[D]．浙江大学博士学位论文，2013.